섭리의 날개를 타고

삶으로 쓰는 **복음 1**

섭리의 날개를 타고

초판 발행일 2022. 12. 8
1판 2쇄 2023. 2. 15

글쓴이 김레나
펴낸이 서영주
총편집 황인수
편집 김정희 **디자인** 최영미
제작 김안순 **마케팅** 서영주 **인쇄** 솜씨디자인

펴낸곳 성바오로
출판등록 7-93호 1992. 10. 6
주소 서울특별시 강북구 오현로7길 20(미아동)
취급처 성바오로보급소 **전화** 944-8300, 986-1361
팩스 986-1365 **통신판매** 945-2972
E-mail bookclub@paolo.net
인터넷 서점 www.paolo.kr
www.facebook.com/stpaulskr

값 15,000원
ISBN 978-89-8015-941-3
교회인가 서울대교구 2022. 10. 6 **SSP** 1084

삶으로 쓰는 **복음 1**

섭리의 날개를 타고

김레나 글

성바오로

✦ 이 책에 인용된 성경 구절은 공동번역 성서와 200주년 신약성서를 참조했습니다.

삶으로 쓰는 복음

복음서는 그리스도의 탄생, 제자들을 부르고 사람들을 섬기시는 그분의 공생활, 그리고 공생활의 연장으로서 구세주의 수난과 죽음, 부활의 여정을 담고 있습니다. 그 길에서 주님은 "나를 따르라"고 우리를 부르십니다. 그분을 따르기 때문에 그리스도인은 그분과 닮은 삶을 살게 됩니다. "성경을 읽는 사람은 아직 쓰이지 않은 성경을 쓰게 된다." 대 그레고리오 성인의 말씀은 바로 이것을 가리킵니다.

'삶으로 쓰는 복음'은 신앙인들의 삶 이야기입니다. 하느님께서 어떻게 나의 삶에 함께하셨는가, 어떻게 나의 삶 또한 거룩한 이야기가 되게 해 주셨는가 하는 고백이자 감사, 찬미의 이야기입니다. 하느님은 멀리 계시지 않으며 거룩함 또한 멀리 있지 않습니다. 프란치스코 교종께서 '옆집의 성인들'에 대해 즐겨 말씀하시는 이유입니다.

이 책을 읽으시는 분들도 여러분 삶에 함께하시는 그분을 찾고, 그렇게 여러분 삶으로 쓰는 복음을 완성해 가실 수 있기를 바랍니다.

차례

문을 열며

성경은 하느님과 이스라엘 백성 간의 기나긴 구원의 역사입니다.

그 구원의 역사는 수많은 사람들의 개인사로 직조되어 있습니다.

지금도 진행 중인 그 역사 안에 저의 개인사는 한 점에 불과할 것이지만

그래도 전체의 무늬와 색깔과 향기를 어렴풋이 담고 있을 것입니다.

저는 저의 개인사를 통해 저를 이끄신

삼위일체 하느님의 사랑과 은총의 섭리를 도란도란 들려 드리고 싶습니다.

하여,

이름이 있으되 유명하지 않고,

배움이 있으되 뛰어나지 않고,

살아 있으되 지극히 평범한 저도

제 인생을 되돌아보며 소위 제 이름으로 된 '레나 복음'을 써서

저를 너무나 사랑하시고, 끝까지 사랑하신 예수님을 증언하고 싶습니다.

제 인생은 날줄인 하느님의 은총과 씨줄인 저의 응답으로 직조된

저만의 고유한 색깔과 무늬를 가진 구원의 여정이고,

좋으신 주님께서 마련하신 섭리의 날개를 타고 살아왔음을 나누고 싶습니다.

이 여정은 저를 사랑하신 주님께서

저를 업으시고, 품에 안으시고, 손을 잡아 이끌어 주셨기에 가능하였습니다.

올해로 수도 생활 49년째이니

밖에서 산 햇수의 두 배를 수녀원에서 살았습니다.

드러나게 성덕에 나아간 것도 아니고

심오하게 인생의 의미를 깨달은 것도 아니지만

세상 소풍이 끝나기 전에 주님께서 함께해 주신 아름다운 여정을

벗님들과 도란도란 이야기하며

참 다정하신 주님께 찬미와 감사를 드리고 싶습니다.

또한 벗님들도 지극히 평범한 제 이야기로 용기를 얻으시어

자신의 이름으로 된 복음을 써 보시기를 권합니다.

그리하여 과거를 돌이킬 수는 없으나 해석할 수 있는 특권을 마음껏 누리시며
마음의 곳간에 쌓인 기억을 하나하나 정리하시고 해석하시기 바랍니다.
복음 역시 예수 사건을 신앙의 감각(Sensus Fidei)으로 해석한 것이니까요.

지금은 IS의 테러 위협으로 시나이산과 이집트 순례가 불가능해졌지만
그전에는 아무 걱정 없이 그곳을 순례하였습니다.
2010년 1월 제3차 순례 중에 우리 순례단은
예전에 하던 대로 새벽 2시에 일어나
시나이산 중턱에 있는 카타리나 수도원 근처에서 낙타를 타고
시나이산 정상을 향해 오르고 있었습니다.

하늘 반, 별 반인 시나이산의 밤하늘은
세상의 모든 별이 그리로 모여든 느낌이 들 정도로 별들이 많았습니다.
별들을 감탄하며 가는데 갑자기 마음속에서 큰 소리가 울려 퍼졌습니다.
"셀 수 있거든 저 별들을 세어 보아라."(창세 15,5)
이 소리는 낙타를 타고 가는 동안 내내 거듭되었습니다.
마치 대답을 들어야 질문을 그만두겠다는 듯이….

이 말씀은 후손이 없는 아브라함에게
별처럼 많은 후손을 약속하시며 하신 말씀입니다.
곧이곧대로 이 말씀을 알고 있는 저는 응답하였습니다.
"아, 주님,
수도자인 저에게 별처럼 많은 후손은 없을 것입니다.
이런 질문에 답하라시면, 제가 무슨 대답을 해야 할지 모르겠습니다.
어쩌라고 자꾸만 물으십니까?"
그렇게 하소연했지만, 셀 수 있거든 세어 보라는 소리는 내내 들려왔습니다.

그때는 질문에 대답하지 못했지만, 지금은 제가 세어야 하는 것은
제가 받은 헤아릴 수 없이 많은 은총임을 잘 알고 있습니다.
수도 성소와 수도 생활, 여러 사도직과 만난 인연들,
그것이 제가 세고 또 세어도 다 셀 수 없는 빛나는 별들이었습니다.
제가 받은 셀 수 없이 많은 은총에 감사하고 또 감사합니다.
제가 밤하늘의 별이 되어 비추는 그날까지 주님께서는 물으실 것입니다.
"셀 수 있거든 세어 보아라."

그래서 마음을 가다듬어 제가 받은 은총을 하나하나 헤아려 보겠습니다.

밤하늘의 별처럼 수많은 은총을 다 세어 볼 수는 없겠지만,

그중에서도 유독 기억 속에서 빛나는 별들을 세어 보겠습니다.

제 글도 하느님 앞에 선 이스라엘 백성이

그분께 올려 드리는 감사와 찬미의 노래인 시편처럼

또 하나의 시편이었으면 좋겠습니다.

하여 이 책의 본문은 행갈이를 자주 하여 시편집처럼 되어 있습니다.

수도 생활과 성서 사도직 여정에서 만난 모든 분께 이 책을 바칩니다.

지은이

01

천 개의 북소리

내가 너를 지명하여 불렀으니, 너는 내 사람이다.

(이사 43,1)

시끄럽다

엄마가 손수 정성껏 만들어 주신 고운 이부자리와 커다란 트렁크를 들고

엄마와 함께 경부선 기차를 타고 대구 포교 성 베네딕도 수녀원으로 향했습니다.

막내딸을 수녀원에 보내는 어머니의 애끓는 마음은 조금도 헤아리지 못한

저는 그저 기쁘고 두근거리는 마음으로 동대구역에 내려

택시를 타고 수녀원으로 향하였습니다.

수녀원 정문 근처에서 이불 보따리를 들고 끙끙대던 입회 동기보다

제가 먼저 수녀원 현관에 도착하여 차례가 1번이 되었습니다.

나중에 알게 된 재미난 사실은

베네딕도 수녀원의 오래된 전통에서는

나이와 상관없이 수녀원에 도착한 순서로
서열이 정해진다는 것이었습니다.
그렇게 저는 친구보다 앞 순서가 되었습니다.

엄마는 수녀원에 막내딸을 두고 떠나시며 눈물을 흘리셨지만
저는 수녀원 문고리를 잡고 배시시 웃으며 어머니와 작별하였습니다.
엄마밖에 모르던 제가 어떻게 그럴 수 있었는지,
지금 생각해도 신기하기만 합니다.

저는 1973년 9월 13일 요한 크리소스토모 성인 축일에 대구로 가서
다음 날인 9월 14일 십자가 현양 축일에 입회하였습니다.
그런 연고로 주님의 십자가의 신비를 전하는 금구(金口)가 되는 것이
저의 소명이자 사명이라 생각하곤 하였습니다.
탁월한 설교가인 크리소스토모 성인은 금의 입, 곧 금구라 불리었습니다.
가족만 사는 좁은 집에 살다가 가게 된
100명이 넘는 대가족이 사는 수녀원 3층 건물은

제게는 무슨 관공서나 학교처럼 넓었고 길은 미로처럼 너무 헷갈려서
종소리가 나면 성당이나 식당으로 가야 하는데 길을 헤매곤 하였습니다.

당시 수녀원은 한 주간씩 번갈아 가며
한국어와 라틴어로 저녁기도를 노래하였습니다.
영어라면 단어라도 알 수 있겠지만 라틴어는 듣도 보도 못한 외국어였기에
저녁기도 시간에는 마치 외국에 와 있는 귀머거리와 벙어리 심정이었습니다.
기도하다 수녀님들이 모두 일어서서 허리를 숙여 중경례를 하면
뭔지도 모르고 따라 일어나서 고개를 숙이곤 하였습니다.
그럴 때마다 저와 친구는 웃음이 터지곤 하였습니다.
일어설 때마다 수녀님들이 합창으로 "시끄럽다."고 말하는 것이
너무나도 웃겼거든요.
터져 나오는 웃음을 비지땀을 흘리며 참으려 하였지만 역부족이었습니다.
입을 틀어막아도 참을 수 없는 웃음소리 때문에
친구와 저는 성당에서 쫓겨나기도 하였습니다.
쫓겨난 다음에도 웃음은 그치지 않아 베란다에서 한참을 웃곤 하였습니다.

우리에게 '시끄럽다'로 들린 노래는

라틴어 영광송 Gloria Patri et Filio et Spiritui sancto

sicut erat in principio et nunc et semper et in saecula saeculorum.

Amen.

영광송 중 'sicut erat' 시끗 에랏이 우리 귀에는 '시끄럽다'로 들렸던 것입니다.

그야말로 무식과 무지가 빚어낸 해프닝이었습니다.

모르면 그런 식으로, 들리는 대로 알아듣고 반응한다는 것을

지원기에 성당에서 쫓겨나면서 처음으로 체험하였습니다.

수십 년이 지난 지금에도 'sicut erat'은 잊을 수 없는 추억입니다.

그랬던 저는 하느님의 백성으로서 '들어라(Shema)'를,

그리고 베네딕도 수도회 회원으로서 '들어라(Obsculta)'를

한평생 배우고 익히도록 부름받았습니다.

백 명이 넘는 수녀님 중에 유일하게 아는 수녀님은

지원자 담당 수녀님이었기에 우리는 강아지처럼 수녀님을 졸졸 따라다녔습니다.

10월 어느 날 우리 두 지원자는 창밖에 빨갛게 익어 가는 감을 따기 위해
저는 나무 위로 올라갔고, 친구는 아래서 받아서
빈 옷장에 두었다가 홍시가 되면 먹기로 하였습니다.
그렇게 한 번을 먹고 나서, 선생 수녀님께 홍시 먹었다고 자랑을 했더니
바로 그날로 애써 딴 감은 모두 압수당하고 말았습니다.

한번은 서로 샤워실을 오가며 등을 밀어 주었다며 시원하다고 말했더니
수녀님은 눈이 휘둥그레지며 매우 놀라셨습니다.
그런 수녀님을 보고 우리는 더 놀랐습니다.
'아니, 등 밀어 주는 것이 그렇게나 놀랍고 잘못한 일이란 말인가?'
다음에는 절대로 그러지 말라는 말에 고개는 끄덕였지만 이해는 불가!
그 이후로 제대로 민 적이 없는 등은 거북이 등이 되었을지도 모릅니다.

수녀원에 입회한 것을 무슨 MT 온 것으로 생각한 것도
둘 다 막내딸인 어린 우리들의 순수함이었습니다.
저의 성소는 수녀원에 들어와서 받았다고 해도 과언이 아닐 것입니다.

수련소 1층은 지원자 공동 침방, 2층은 청원자 공동 침방,
3층은 수련자 공동 침방이었습니다.
그때 제 눈에 거의 하느님과 동창생으로 보였던
하늘 같은 선배 수련자 한 분이 아침 식사가 끝나면
3층으로 올라가기 전에 잠깐 우리 방에 들러서
경상도 억양으로 "잘들 있제?" 하고 올라가곤 하였습니다.
그게 또 고맙고 고마워서
그 수련자가 분원 실습 나간다는 말을 들은 휴게 시간에는
눈물을 흘리며 섭섭함을 달래기도 하였습니다.

한번은 뜬금없이 바다가 보고 싶다고 투정을 하니
선생 수녀님은 우리 둘을 데리고 토끼 꼬리 근처인 구룡포로 갔습니다.
그곳 어촌 꼬마들이 까만 옷을 입은 우리에게 흙모래를 던졌는데
아마도 수녀를 처음으로 본 아이들 눈에
이상한 사람으로 보여서 그랬을 것입니다.
엄했던 그 시절에, 바다가 보고 싶다고 투정을 부린 지원자나

그런 지원자를 데리고 바다에 간 선생 수녀님이나 모두 푸르른 청춘이었습니다.

수녀원 일과가 조금씩 익숙해지고 수녀원에서 헤매지 않게 된

지원기 6개월은 빠르게 지나갔습니다.

청원자가 되는 것은 기뻤지만

정든 선생 수녀님을 떠나는 것은 매우 섭섭한 일이었습니다.

청원기 시작을 앞두고 집 떠난 지 6개월 만에 휴가를 갔습니다.

수녀원에서는 제일 어린 저를 엄마는 주교님 맞이하듯 맞이하셨고,

우리 가족을 가톨릭 신앙으로 인도한 선구자인 큰언니와 형부는

약한 저에게 보약을 먹이려 손수 흑염소를 달여 먹였지만

안타깝게도 저는 그것만 먹으면 설사를 하였습니다.

'에구, 에구, 수녀원 가기 전에 잘하지!'

천 개의 북소리

"두려워하지 마라. 내가 너를 건져 주지 않았느냐?
내가 너를 지명하여 불렀으니, 너는 내 사람이다."(이사 43,1)

이 말씀은 땅에 사는 저를 하늘로 오르게 한 은총의 사다리입니다.
저의 부족함과 약함과 죄로 실의에 차 있을 때
하느님께서 제게 건네주신 사다리입니다.
"괜찮다 얘야, 나는 너를 있는 그대로 사랑한단다.
네가 구부러지면 펼 것이고,
네가 상하면 낫게 할 것이고,

네가 넘어지면 일으켜 세울 것이고,
네가 눈물을 흘리면 닦아 줄 것이고,
네가 걷지 못하면 업어 줄 것이다.
너는 내가 만든 나의 것이기 때문이다."

지원자가 둘밖에 없어 같이 먹고, 자고, 공부하고, 일하는,
도무지 한시도 안 볼 수 없는 처지인데….
저와는 너무나도 다른 친구를 받아들일 수 없어
미워하고 괴로워하던 저는 그야말로 생지옥에 있었습니다.

친구가 동쪽이라면 저는 서쪽이었고,
친구가 산이라면 저는 바다로, 우리는 달라도 너무 달랐습니다.
그 다름은 처음에는 불편함으로, 그다음에는 싫음으로,
그리고 미움으로 변하였습니다.
친구를 무시하고 미워하면 할수록 저도 모르는 사이에
친구는 저의 열등감과 자존심을 긁어 대는 쇳조각이 되었습니다.

그 당시 미숙한 제게 다른 것은 곧 틀린 것이었습니다.

그래서 저는 옳고 친구는 틀렸다고 생각하고 마음 놓고 미워했던 것입니다.

밖에서 지은 죄도 부족하여 수녀원에 와서까지 미워하며 지은 죄로

저는 부글부글 끓어오르는 가마솥과 같았습니다.

수녀는 되고 싶은데 이대로는 수녀가 될 수 없을 것 같고,

나가자니 너무나 슬펐습니다.

밤마다 성체조배를 하며 친구가 나가면 좋겠다고,

그것도 기도라고, 밤마다 열심히 기도하였습니다.

"하느님 아버지, 저는 친구 때문에 못 살겠습니다.

그러니 친구를 내보내시면 저는 좋은 수녀가 되겠습니다."

그렇게 기도 같지 않은 기도에 대한 응답은 거두절미한 "네가 나가."였습니다.

제가 얼마나 솔직하고 절실하게 기도했는지 아시면서,

하느님은 무심코 시답지 않게 불쑥 응답하신 것처럼 들렸습니다.

아, 큰일 났습니다.

기도의 응답은 외나무다리처럼 피할 수 없는 요구,

이유를 불문하고 친구 대신 저더러 나가라는 것이었습니다.

제가 안 나갈 수 있는 유일한 방법은

친구를 이해하고 사랑하는 길밖에 없었습니다.

제게는 나가야 할 사람이 친구였지만, 하느님께는 저였던 것입니다.

앞으로 수많은 사람을 만날 터인데

하느님께서 짝지어 주신 친구 하나 받아들이지 못한다면,

정말 나가야 할 사람은 저였습니다.

제대로 자신을 바라보게 되자 부끄럽고 부끄러워, 정말 제가 나가야 했습니다.

그런 상태로 지원기에서 청원기로 올라가기 위해

난생처음으로 피정이란 것을, 그것도 8일 동안이나 하게 되었습니다.

예수회 이한택 신부님께서 피정을 지도하셨습니다.

하느님께서는 피정을 통해 천지 분간도 못하던 저를

단단히 손보기로 작정하신 듯했습니다.

첫날부터 말씀마다 저를 콕콕 찌르면서 다그쳤습니다.

피정이 깊어 갈수록 저는 숨도 쉴 수 없이 코너로 몰리는 심정이었고

제 마음 깊은 곳에 가라앉아 있던 허물까지 하나둘씩 수면 위로 떠올라

가뜩이나 미움으로 만신창이가 된 저를 더욱 비참하게 만들었습니다.

아, 그대로는 죽을 것만 같아서 조여드는 가슴으로 신부님께 고해성사를 하며

그때까지 살아오면서 지은 모든 죄를 다 토해 냈습니다.

드디어 곪아 터진 상처에서 피고름이 쏟아지고 상처가 아물며

저는 여태까지 단 한 번도 만난 적이 없던

참으로 좋으신 하느님을 만나, 시도 때도 없이 쏟아지는 눈물을 흘리며

용서받고 치유받고 사랑받은 전혀 새로운 사람으로 거듭났습니다.

그 순간 폭포처럼 쏟아지는 눈물과 함께

제 마음속에 **"너는 나의 것"**이라는 천 개의 북소리가 둥둥둥 울려 퍼졌습니다.

그것은 돌아온 탕자가 아버지의 품 안에서 들은 북소리였습니다.

그렇게 제가 하느님을 처음으로 인격적으로 만난 순간은

청원기 시작을 이틀 앞둔 1974년 2월 22일이었습니다.

자애로우신 하느님께서는 신부님을 통해 저의 죄를 말끔히 용서해 주시고
수도 생활을 할 수 있는 힘과 용기와 확신을 주셨습니다.

바로 그때 하느님께서 저를 품으시며 다독여 주신 말씀이 바로
"너는 나의 것이다."였습니다.
돌아온 탕자인 저를 당신의 것이라고 품어 주시며
그칠 줄 모르고 하염없이 흐르는 제 눈물을 닦아 주셨습니다.
그렇게 흘린 눈물은
그동안에 쌓이고 쌓인 허물을 담아 둔 제 마음을 씻어 주었고,
저는 본디 창조된 순수한 사람으로 다시 태어났습니다.

더할 수 없이 기쁘고 감사한 마음으로 성당 2층으로 올라가 기도하였습니다.
기도하는 동안 열린 창문을 통해
하얀 작은 새가 날아가는 것을 선명하게 보았습니다.
그 새는 그동안 아집과 무지, 교만과 죄에 묶여 있던 제 자신을
하느님께서 풀어 자유롭게 창공에 날려 보내신 표상이었습니다.

잠깐이었지만 천국을 맛본 진복(眞福)의 시간이었습니다.

성당 2층에서 내려오니,

만나는 모든 사람과 보이는 모든 것이 다 사랑스럽고 아름다웠습니다.

천국이 바로 그러할 것입니다.

아무것도 거칠 것이 없고 모든 것이 다 사랑스러울 것입니다.

역설적으로, 제가 하느님을 만난 때는

죄악의 어둠이 목까지 들어찬 시기였습니다.

그런데 **"죄가 많아진 곳에 은총은 넘쳐흘렀습니다."**(로마 5,20)

아우구스티노 성인이 말한 펠릭스 쿨파(felix culpa)를

온 존재로 이해하게 되었습니다.

죄는 뉘우치는 사람에게는

하늘에 이르는 도약대가 되고, 난관을 극복하는 디딤돌이 됩니다.

그렇게 제 마음에 깊이 새겨진 것이 felix culpa 복된 죄악이었습니다.

저는 용서받은 죄인이자 사랑받는 딸로 거듭 태어나

더할 나위 없이 행복하고 감사했습니다.

수도 생활 초기에 하느님을 만난 것은

쉽사리 변할 것 같지 않은 저를 잘 아신 하느님의 자상한 배려였습니다.

초장부터 강력한 펀치로 저를 사로잡으신 다음에

만나는 사람들과 사건들을 통해

당신의 이끄심을 알고 해석하게 하기 위함이었습니다.

그렇게 2월 22일의 만남은 제게 다정하신 하느님을 만난 원체험이 되었고,

그 뒤에 일어난 일들은 이 사건의 빛으로 해석하게 되었습니다.

그 만남은 언제고 생명수를 길어 올리는 샘솟는 우물이 되었습니다.

가슴 벅찬 청원기

청원기 시작 전 피정에서 난생처음으로 하느님을 만난 제게

이어진 청원기 2년 신학원 과정은 가슴 벅찬 시기로

구세사와 예수님과 교회를 배우는 빛나는 시간이었습니다.

아무것도 모르고 그저 이끌림에 끌려 수녀원에 입회했기에

저는 성경 한 번 읽어 본 적이 없었던 무지 그 자체였습니다.

당시에는 신약만 출판되었고,

낱권으로 된 몇 권의 구약은 도서실에 가야만 볼 수 있던 시절이었습니다.

1977년 성령 강림 때에야 신·구약 합본을 선물로 받고

세상을 다 가진 것처럼 기쁘고 행복했던 기억이 새롭습니다.

신학원에 다니던 저의 청원기 2년은

한마디로 하늘에서 은총이 별처럼 쏟아지던 시기였습니다.

하느님과 예수님과 성령님과 교회를 알아 가던 참으로 가슴 벅찬 시절이었습니다.

어떤 때는 너무 가슴이 벅차고 눈물이 차올라,

쉬는 시간이면 1층에 있는 대명동 성당으로 내려가

성체 앞에 찬미와 감사를 드리며 벅찬 가슴을 진정시킨 뒤에야

다음 강의를 들을 수 있을 정도였습니다.

강사진인 왜관 베네딕도 수도원의 신부님들은

저의 신앙과 신학의 기초를 확실하게 놓아 주신 참으로 고마운 분들이십니다.

황춘흥 · 백플라치도 · 장엘마노 · 진토마스 신부님이십니다.

저는 주말이면 성주 본당으로 1박 2일 전교를 떠나곤 하였습니다.

그곳에는 청원자인 저를 수녀님이라 부르는 중고등학생들이

저를 기다리곤 하였습니다.

거기 수녀원에는 무섭기로 이름난 호랑이 할머니 수녀님이 계셨는데

주일학교 학생들과 교우들은 물론이고

심지어 본당 신부님까지 조심하시는 듯 보였습니다.

저는 너무나 무서워서 말을 못 알아들을 정도였습니다.

주일에 성주에서 돌아오면 수녀원은 저녁기도 시간이었습니다.

수녀원 정원에 도착하면

수녀님들의 저녁기도 소리가 천상의 노래처럼 들렸습니다.

제가 그 안에서 노래할 때보다 밖에서 들으니 훨씬 더 아름다웠습니다.

'아, 내가 이렇게 아름다운 곳에서 이렇게나 아름다운 기도를 하면서 사는구나!'

부르심에 감사하고 또 감사하였습니다.

그 할머니 수녀님을 무서워하다가 수녀원에 돌아오면

집의 호랑이이신 수련장 수녀님은 다정한 엄마처럼 느껴지곤 하였습니다.

한번은 성주에서 돌아와 꽁꽁 얼었던 제 마음이 풀려

휴게 시간에 그 어려운 수련장 수녀님의 무릎에 앉고 싶다고 했더니

앉으라 하셔서 정말 앉았습니다.

선후배들이 모두 놀라고 수녀님도 놀라시고 저도 놀랐습니다.

엄마에게 부리던 응석과 어리광을 수련장 수녀님께 부렸던 것입니다.

성주에서 꽁꽁 얼었다 돌아온 제게

그만큼 수녀원과 저녁 휴게 시간이 너무나도 따뜻하고 좋았던 것입니다.

그 사건 이후로 수련장 수녀님은 수녀원에 소문을 다 내셨고,

저는 자연스럽게 애제자가 되어 평생을 서로 사랑하는 스승과 제자로 살았습니다.

성소 주일로 기억되는 성주에서의 하루는 잊을 수 없습니다.

점심 반찬으로 나온 생선을 먹으라 하시기에

눈으로 보아도 상해 보이는 생선이라 먹지 않겠다고 용감하게 말했더니

"민하게 굴지 마라우." 하시면서 강요하는 바람에

어쩔 수 없이 순명으로 먹었습니다.

비가 부슬부슬 내리는 오후에 중고등학생들을 데리고 성소 주일 행사에 참석차

왜관 수도원으로 가는 도중에 몸이 가렵기 시작하더니 부어올랐습니다.

가까스로 행사를 마치고 학생들은 성주로 보내고,

저는 대구 수녀원으로 돌아와서 곧바로 침대에 누웠습니다.

같이 주말 선교했던 후배가 선생 수녀님에게 사실을 알리자
수녀님은 제 방의 커튼을 걷고 들어오셔서
알아볼 수 없이 부은 저의 몰골을 보시고 놀라 나가신 다음에
너무 흉했는지 다시는 안 오셨고, 대신 양호 수녀님이 오셨습니다.
그 문제의 상한 생선이 심하게 식중독을 일으킨 것입니다.

몇 년 후에 그 할머니 수녀님은 연탄가스 중독으로
당신이 사람들에게 자주 하시던 "민하게 굴지 마라우." 말대로
정말 민하게 여생을 사시다가 돌아가셨습니다.
고운 말을 하고 살면 이웃에게도 자신에게도 축복입니다.
말이 씨가 된다는 우리말은 경험된 지혜일 것입니다.

고요한 수련기

수련기는 착복식으로 시작되었습니다.

꿈에도 그리던 수도복을 입고 흰 수건을 썼습니다.

착복식 때에 원장 수녀님은 제 발을 씻기시고 입을 맞추시며

예수님께서 제자들을 끝까지 사랑하셨던 그 세족례를 재연하였습니다.

제가 지원기 때 수련자 선배들은 거룩하게 보였고,

하느님과 동창생처럼 우러러 보였습니다.

제 눈에 그토록 거룩하게 보였던 수련자가 된 것입니다.

청원기 2년 신학원에서 공부하며 잘 다져진 기초 위에

하느님을 위한 기도와 사랑의 집을 짓는 작업을 할 때입니다.

당시 수련기는 1년 6개월로
처음 6개월은 수련소에서, 두 번째 6개월은 분원 실습,
마지막 6개월을 수련소에서 첫서원을 준비하며 보내는 과정이었습니다.
빛나고 벅찬 저의 청원기에 비해 수련기는 고요한 호수와도 같았습니다.
베네딕도 수도회의 모토인 'Ora et Labora(기도하고 일하라)'를 익히며 생활하는
단순 소박하고 고요한 나날이었습니다.

제가 분원 실습을 한 곳은 경북 함창의 작은 시골 성당이었습니다.
기차를 타고 함창에 내려 수녀원에 도착하자
식사를 마친 수녀님들은 새로 온 수련자를 둘러싸고 앉으셨습니다.
그때 노란 옥수수밥을 먹었는데
수녀님들의 시선이 너무나도 부담스러워 체했고,
그 뒤로는 노란 옥수수는 아예 입에 대지도 않게 되었습니다.
그곳엔 수녀원에서 운영하는 상지 여자 중고등학교가 있어

수녀님들이 많았습니다.

저의 실습지는 성당이었으나

분원장 수녀님이 아팠고, 수녀원 주방에 어린 소녀 둘만 있어

자연스럽게 저는 주방장 비슷한 역할을 하게 되었습니다.

열 명이 넘는 식구들 음식을 준비하기 위해

장날이면 리어카를 끌고 장을 보러 다니곤 하였습니다.

그땐 창피한 줄도 모르고 그저 신나서 리어카를 끌고 다녔습니다.

우리 엄마가 보셨더라면 당장 집으로 끌고 가셨을 것입니다.

실습 기간 동안 수녀님들의 사는 모습을 가까이서 볼 수 있었고,

참된 신앙과 건강한 우정과

아름다운 삶의 태도에 대한 식별도 조금은 생겨났습니다.

실습지인 성당에서 저는 본당 수녀님을 따라다니며

소위 전교라는 것을 보고 배우게 되었습니다.

가정 방문을 가면 막걸리나 동동주를 내놓으며 마시라는 할머니도 계셨고,
도무지 알아들을 수 없는 경상도 억양과 말투를
수녀님이 통역해 주셔야 알아듣곤 하였습니다.
그때는 뭐가 그리 우스웠는지 누가 말만 해도 웃곤 하였습니다.

본당에는 꽤 높은 종탑이 있었고,
하루 세 번 삼종을 울리는 것이 저의 임무이기도 하였습니다.
처음에는 굵은 밧줄에 매달려 공중으로 동동 떠오르기도 하였고,
제가 치는 종소리는 다 죽어 가는 조종 소리와도 같았습니다.
무엇보다 컴컴한 새벽 후미진 종탑 아래는 오싹할 정도로 무서웠습니다.
지금 생각해도, 젊은 보좌 신부님이 씩씩하게 쳐 주었다면
얼마나 좋았을까, 아마 평생 은인으로 기억했을 텐데, 아쉽기만 합니다.
그러나 남녀유별이 심한 경상도 시골이었고,
성직자와 수녀의 차이는 하늘과 땅만큼이나 까마득하던 시절이었습니다.

신부님이 판공성사를 주러 공소 방문 갈 때는

주임 신부님의 오토바이 뒤에는 본당 수녀님이,
보좌 신부님 뒤에는 제가 타고 갔습니다.
본당 신부님의 오토바이는 그나마 성능이 괜찮았으나
보좌 신부님의 것은 고물이어서
작은 시냇물을 건너다가 고장이 나서 추위에 떨었던 적도 있었습니다.

공소 신자들은 존경과 사랑을 다하여 신부님을 맞이하였고,
신부님의 밥그릇은 크고 밥도 산처럼 고봉으로 담았습니다.
신부님이 남긴 밥은 특별한 밥이라 여겨
남은 것을 서로 나누어 먹으려고 했기 때문입니다.
한번은 나환자촌인 공소에 가서 식사 시간이 되었는데
성하지 않은 손가락으로 장만한 음식을 도저히 먹을 수가 없어 주저하는 제게
짓궂은 본당 신부님은 큰 소리로 맛있게 먹으라며 식사를 하셨습니다.

길지 않은 6개월 동안 저는 본당과 공소에서
그리고 수녀원에서 삶의 현장이 어떤 것인지를 보았고

그 현장에서 어떻게 살아야 하는지를 조금씩 배웠습니다.

군대를 갔다 와야 사나이가 된다고 하듯
실습을 다녀와야 수도 생활의 현실을 조금이나마 알 수 있습니다.
수도 생활에 대한 저의 이상은 꿈과 같았는데
현장은 꿈에서 깨어나야 할 때가 왔음을 알려 주었습니다.
실습에서 보고 깨우친 것을 이제는 제가 살아내야 했습니다.
그래야 꿈꾸는 후배들에게 지속 가능한 꿈을 꾸게 하는 선배가 될 것입니다.

실습을 마치고 대구 수녀원으로 돌아왔을 때는
마치 시집살이하던 며느리가 모처럼 친정집에 돌아온 기분이었습니다.
아무도 시집살이를 시키지 않았지만, 선배들과 사는 것이 쉽지만은 않았고,
무엇보다 그동안 떨어져 있던 그리운 친구와 다시 만나게 되어 참 기뻤습니다.
참, 하나뿐인 제 친구와 저의 우정은 수련소에서 건강한 우정의 모델이었고,
우리는 혼자 있으면 50%, 둘이 되어야 100%가 되었습니다.

꿈처럼 지나간 마지막 수련기 6개월은

첫서원을 앞둔 가슴 설레는 수련자로 살았습니다.

아마 사랑하는 이와 결혼을 앞둔 처녀가 그런 마음일 것입니다.

새 이름을 주신

“그건 영화배우 이름이잖아요!”

첫서원을 앞두고 몇 달을 고심하여 수련장 수녀님께 가져간 수도명

—나탈리아, 나타샤—에 대한 수련장 수녀님의 일갈이었습니다.

‘꿈에도 영화배우 나탈리 우드는 생각지도 않았는데,

어떻게 저렇게 말씀하실까???’

너무나 무안하고 섭섭하여 눈물이 날 정도였습니다.

저의 세례명은 아나스타시아입니다.

여고생 시절 성탄 무렵에 세례를 받았기에

그때 제게 제법 매혹적이면서 성탄이 축일인

아나스타시아 성녀의 이름을 받은 것입니다.

그런데 그 아름다운 이름이 너무 길어

정작 제대로 불러 주는 사람이 드물었습니다.

이름은 저를 위한 것이기도 하지만

남이 부르기 쉬워야 한다는 것을 깨우친 계기가 되었지요.

그래서 첫서원을 앞둔 저는 고심 끝에

영명축일을 바꾸지 않아도 되는 '탄생'이라는 의미가 담긴

두 이름을 생각해 냈던 것이었습니다.

그런 이름을 배우 이름이라고 거절하시다니….

이름에 관한 이야기가 나왔으니, 제 이름에 얽힌 생각을 나누고자 합니다.

8.15 해방과 6.25 전쟁 사이가 제 출생의 역사적 배경입니다.

그 가난하던 시절에 저는 7남매의 막내로 태어났고,

영아로 죽거나 질병을 얻어 불구가 되는 경우가 많았던 시절이었기에

아버지는 태어난 아기가 그저 죽지 않고 살아 주기만을 바라셨을까요?

아버지의 애정이 담긴 구슬 옥(玉) 자 앞에

아버지의 희망이 담긴 목숨 수(壽) 자를 넣어 '壽玉'이 저의 이름이 되었습니다.

아버지가 일찍 돌아가셔서 제 추측을 확인할 길은 없지만,

아마 그러셨을 것입니다.

이름으로 말할 것 같으면 저는 장수는 떼놓은 당상이고,

특히 아버지께 아주 많이 감사하는 것은 수 자 밑에 받침을 안 붙인 것입니다.

그 일이 있고 며칠이 지난 다음에

수련장 수녀님의 호출을 받아 시큰둥하며 갔더니,

수도명을 아직 정하지 않았으면 이름을 주려고 불렀다는 것이었습니다.

가져간 이름을 일언지하에 퇴짜 맞은 그 후로

사실 저는 이름에 고심할 여력과 흥미를 잃었기에

제가 정하지 않고, 주신 이름을 받기로 작정한 터였습니다.

"레나 어때요?"

'아니, 이건 또 뭐람?'

아무리 수련자이지만 레나라는 이름은 여태까지 들어 보지 못한 이름이었습니다.

그 당시 일본인 막달레나 수녀님이 살아 계셨기에

앞의 '막달'은 빼고 뒤의 '레나'가 어떠냐는 것이었습니다.

'세상에나! 키가 작다고 이름도 반 토막만 주나 보네.

하고 많은 성녀들 가운데 하필이면 막달레나의 레나라고?'

수련장 수녀님은 생각해 보라고 하셨습니다.

생각해 보니,

얼마 전 부활 시기에 수녀원 복도에 전시된 큰 성화,

막달레나가 무덤가에서 부활하신 예수님을 만난 성화 앞에서

너무 감동한 나머지 한참을 그 앞에 서 있었던 기억이 떠올랐습니다.

마침 지나가시던 수녀님 한 분이 의아하게 여기시기에,

막달레나 성녀는 일생에 눈빛이 세 번—욕정, 회심, 초탈—바뀐 여인이라며

제가 느낀 감동을 이야기한 적이 있었습니다.

그때 이야기를 들으신 그 수녀님은 무척 감동하신 것 같았는데.

혹시 그 수녀님이 수련장 수녀님을 찾아가셨을까?

제게 레나라는 수도명이 주어진 비하인드 스토리는 알 길이 없습니다.

이 역시 추측일 뿐입니다.

그 당시 수련장 수녀님께 여쭤보지도 못했고,

지금은 수녀님께서 하늘나라에 계시니

이담에 만나서나 물어볼 수밖에 달리 도리가 없습니다.

"야훼께서 몸소 지어 주실 새 이름, 사람들이 그 이름으로 너를 부르리라."(이사 62,2)

이렇게 받은 수도명 레나가 제 이름이 된 지 올해로 45년이 되었습니다.

저는 이 이름에 대한 각별한 애정과 사명감을 느낍니다.

새 이름을 주신 하느님의 뜻이 헤아려지기 때문입니다.

아브람을 아브라함으로, 시몬을 베드로로 불러 주신 하느님께서

수옥壽玉을 Anastasia부활로,

그리고 아나스타시아를 **'부활의 첫 증인'**인 레나로 불러 주신 것입니다.

반 토막 이름을 주신 것은 주님 없이는 반 토막인 것을 잊지 말라는

의미심장한 주님의 유머임이 틀림없고요.

"내가 너를 지명하여 불렀으니, 너는 내 사람이다."(이사 43,1)

이름에는 받는 사람에 대한 이름을 주신 분의 꿈이 담겨 있습니다.

제 이름에 담긴 우리 아버지의 꿈과

세례명과 수도명에 담긴 하느님 아버지의 꿈과 사명을 명심하며 살아가겠습니다.

지금까지 제가 수녀원에서 받은 소임에서 학업과 본원 소임을 빼면

본당 수녀 13년과 그리고 지금 베네딕도 성서학교에서의 성서 사도직입니다.

그리스도인이라면 누구나 부활의 증인이 되는 것이 사명이지만,

특히 저의 이름과 소임은 '부활의 증인'이라는 점에서 절묘하게 맞아떨어집니다.

생각할수록 점점 확실해지는 것은,

저의 아버지와 수련장 수녀님을 통해 당신이 정하신 이름과 소임을

넌지시 제게 주신 분은 하느님이시라는 사실입니다.

부활의 증인이 복음 말씀을 전하는 소임에 봉사하고 있으니, 환상의 조화입니다.

저를 새 이름 지어 불러 주신 하느님의 깊은 뜻을 알아듣는 기쁨과 감격으로

오래오래 살면서 주님의 부활을 기쁘게 선포하렵니다.

주님의 말씀과 그분을 만난 체험을 전한

부활의 첫 증인 마리아 막달레나 성녀의 전구를 간청하면서···.

02

나를 이끄신 여정

나는 한결같은 사랑으로 너를 사랑하여 너에게 변함없는 자비를 베풀었다.

(예레 31,3)

나를 이끄신 여정 I

✦ 원목실

첫서원을 하고 처음으로 받은 소임은 대구 파티마병원 원목실이었습니다.

그곳에는 연륜이 깊은 수녀님과 착한 평신도 형제 직원이 계셨는데

저는 무엇을 어떻게 시작해야 할지 모르는 왕초보였습니다.

환자를 방문하라는 명을 받고,

알지도 못하는 환자를 방문하는 것이 너무나 쑥스럽고 부끄러워서

병실에 들어가지도 못하고 복도를 이 끝에서 저 끝까지 왔다 갔다 하였습니다.

그런 저를 발견하신 수녀님이 빨리 병실에 들어가라 하셔서

마지못해 가까스로 들어간 병실에서 몸과 마음이 꼬이는 어색함이란…

병실에서 만난 한 젊은 청년은 교통사고로 뇌를 다쳐
정신없이 횡설수설하며 사정거리를 유지해야 하는 다소 과격한 사람이었습니다.
그 청년은 제가 방문할 때마다 큰소리로 결혼하자고 외쳐
정말이지 민망하고 부끄럽기 짝이 없었습니다.

원목실 소임은 환자들에게 위로와 힘을 주는 참 좋은 소임이지만
나이가 들어서 와야 한다는 생각이 들었습니다.

✦ 평화동 성당

원목실 소임 6개월 후에 김천 평화동 성당으로 파견되었습니다.
왜관 베네딕도 수도원 소속 곽미카엘 독일 할아버지 신부님이 일하고 계셨습니다.

저는 어릴 때부터 몸을 움직이는 놀이보다는

조용히 앉아 구경하는 쪽이었습니다.

함박눈이 펑펑 내리던 어느 날에

저는 큰맘 먹고 초등부 아이들과 눈싸움을 하였습니다.

그런데 우리가 던진 눈덩이가 성당 건물 외벽에 붙은 것을 보고

복사(당시 사무장)가 신부님께 일렀는지

뚱뚱한 할아버지 신부님이 나오셔서 큰소리로 야단을 치셨습니다.

저로서는 아이들과 놀아 주기 위한 큰 희생이었는데 야단을 맞았으니,

닭똥 같은 눈물이 그치질 않았습니다.

신부님은 우는 저를 보고 미안하셨는지 제 손을 잡고 사무실로 들어가

생전 처음 보는 커다란 독일 초콜릿을 주시며 울지 말라고 달래셨습니다.

마치 할아버지가 어린 손녀를 달래듯 하셨던 신부님은

1년 만에 이동되는 저를 데려가려고 서울에서 오신 수녀님께

"나 저 아이 보낼 수 없습니다." 하고 말씀하셨습니다.

김천은 중소도시로 주일학교 교사 구하기가 참 힘들었습니다.

여교사들은 그런대로 구했지만, 남교사는 하늘의 별 따기보다 더 어려웠습니다.

그런데 도무지 보이지 않던 별 하나가 어느 날 갑자기 제 앞에 나타났습니다.

군대를 제대하고 복학을 준비 중인 청년이었습니다.

다짜고짜로 주일학교 교사로 도움을 청했고, 그 청년은 기꺼이 들어주었습니다.

그렇게 우리는 본당 수녀와 주일학교 교사로 만났고

산간학교와 주일학교에서 아주 재미나게 일하며 친하게 되었습니다.

아, 그러나 눈 밝으신 하느님께서는 뜬금없이 저를 서울로 이동시키셨습니다.

보통으로 한 본당에서 2년 동안 봉사하는데 1년 만에 이동된 것입니다.

젊은 수녀와 젊은 청년을 그대로 두면 안 되겠다고 생각하셨나 봅니다.

우리 두 사람은 아주 많이 섭섭했지만 떠나야만 했고, 보내야만 했습니다.

그때는 몰랐는데 지금 생각하면 은근히 짓궂으신 하느님의 질투입니다.

1978년에 만난 우리는 44년이 훌쩍 넘은 지금까지

하느님을 한가운데 모시고 서로 격려하고 기도하며

아름다운 우정을 나누는 좋은 벗으로 살아가고 있으니 큰 축복입니다.

사제와 수녀로서 오랜 세월 함께 걷는 참 좋은 길벗을 주신 하느님께

감사드립니다.

✦ 돈암동 성당

저의 수련장이셨던 수녀님께서 분원장으로 계시고

자타가 공인한 애제자인 제가 함께 살게 된 돈암동 성당은 낯설지 않았습니다.

그곳은 신부님 두 분과 수녀님 네 분이 사는 오래된 본당이었습니다.

돈암동에 이동된 지 사흘 후에

꿈에도 그리던 초등학교 5학년 때 담임 선생님을 만났습니다.

분원장 수녀님께서 제가 맡은 레지오라며 저를 데리고 회합실로 가셨는데

단장 자리에 우리 이사행 바울라 선생님이 앉아 계셨습니다.

저는 즉시 선생님을 알아보았지만, 선생님은 저를 알아보지 못하셨습니다.

그도 그럴 것이 5학년 어린이가 수녀가 되어 나타났으니

믿기지 않으셨을 것입니다.

마침내 알아보신 선생님은 제 손을 잡으시고 본당 신부님께 데려가

저를 칭찬하시며 대견해하셨습니다.

그 옛날 우리가 처음 만난 때에는 선생님도 저도 신자가 아니었습니다.

당시는 중학교부터 입시를 치러야 했던 시절이라

나름 치맛바람이 거세던 시절이었지만

엄마를 떠나 언니 집에서 서글픈 유학 생활을 하던 저는

치맛바람은커녕 저고리 바람도 없던 무풍지대에 살았습니다.

그런 저를 회장으로 임명하시고, 방과 후에는 선생님의 집 회현동으로 불러

그 동네 아이들과 함께 무상으로 과외 공부를 시키셨습니다.

어린 저였지만 그것이 얼마나 파격적인 큰 은혜인가를 알았기에

선생님의 사랑을 마음 깊이 새겨 두었습니다.

그러나 어린 저에게는 일류 여중인 경기여중에 가는 것보다는

그리운 엄마와 사는 것이 더 절실했기에
졸업을 두어 달 앞두고 엄마에게로 내려갔습니다.
선생님과는 몇 번 편지가 오가다가 소식이 끊겼습니다.
선생님은 제가 꼭 만나서 감사드리고 싶은 분으로 손꼽히던 분입니다.
그런 선생님과 신자와 수녀로 만났으니, 놀라우신 하느님의 섭리입니다.

저는 수녀원의 막내로 초등부 주일학교와 첫영성체 교리, 제의방,
그리고 몇몇 단체를 담당하며 열심히 살았습니다.
뭐든 대충하지 못하고 열정적인 성격이라 주어진 모든 일에 참 열심이었습니다.

당시에는 가톨릭교회에 성경 공부 자료가 전무하던 시절이라
개신교에서 출판한 베텔 성서를 접한 저는 주저하지 않고 구입하여
신자들과 함께 베텔 성서를 가톨릭식으로 재미있게 공부하였습니다.
그때부터 하느님의 말씀은 저를 찜하여 준비시키셨나 봅니다.

당시에는 보좌 신부님들의 임기가 1년이었습니다.

본당 신부님께서는 1년마다 이동되는 보좌 신부보다는
두 수녀에게 중고등부와 초등부 주일학교를 맡기셨습니다.
저는 초등부 주일학교 교사들과 신나게 주일학교를 운영하였고,
보좌 신부님이 불편하게 여겼지만, 저로서는 어쩔 수 없는 상황이었습니다.
종신서원 준비를 위해 그 본당을 떠날 때까지
저는 온 마음과 정성을 다해 봉사하였습니다.

황인국 주임 신부님은 저와는 띠동갑으로 참 점잖고 좋으신 분이셨습니다.
어느 날 제대 한쪽에 놓인 성모상 앞에서
꽃꽂이하기 위해 큰 나무뿌리를 이리저리 움직이다가
그만 신부님께서 아끼시던 어여쁜 성모상을 깨뜨리고 말았습니다.
수련소에서 배운 대로, 그릇을 깨뜨리면 깨진 조각을 가지고
수련장 수녀님 앞에 가서 보속을 받아야 했기에 성모상 조각을 주우려고 했지만
머리와 몸체가 떨어진 성모상을 차마 들고 갈 수 없었습니다.
잔뜩 움츠러든 저는 신부님께 성모상을 깨뜨렸다고 말씀드린 다음
어떠한 야단과 벌도 감수할 각오로 고개를 숙이고 서 있었습니다.

그런데 뜻밖에도 신부님은 "어디 다친 데는 없어요?" 하시며
잔뜩 주눅이 든 저를 감동의 도가니에 풍덩 빠뜨리셨습니다.
그때부터 저는 물건보다는 사람을 중히 여기는 신부님을
무조건 존경하고 사랑하게 되었습니다.
신부님은 후에 필라델피아 교포 사목을 가신 다음에도
로마에서 공부하고 있던 제게 용돈을 보내 주시곤 하셨습니다.
내내 누이동생을 대하시듯 다정하게 대해 주신 고마운 분이셨습니다.

여러 보좌 신부님 중에 패기만만한 경갑실 보좌 신부님은
저를 한참 아래 동생으로 보았는지 거침없이 반말을 하였습니다.
기분이 상한 저는 반말을 듣지 않기 위해 서로 주민등록증을 대조한 결과,
호적상으로 제가 두 살 위였습니다.
그때부터 신부님이 저를 몇 번 "님!"이라 부르자
주일학교 교사들은 눈이 휘둥그레져서 저를 쳐다보았습니다.
저는 "님은 그 임이 아니라 누님의 님이야." 하고 웃었습니다.
두 분 모두 제게는 고마운 분들로 오래도록 친교를 나누다가

작년에 차례로 세상을 떠나셔서 용인 성직자 묘지에 나란히 누워 계십니다.

종신서원 준비를 위한 대수련기는 더없이 기다린 시기이지만

각별하게 정든 돈암동 성당을 떠나는 것은 참으로 아쉽고 섭섭한 일이었습니다.

제가 전교 수녀 소임을 사랑하게 된 많은 체험이 쌓인 곳이

돈암동 성당이라 더욱 그러하였습니다.

본당 수녀를 하면서 좋든 싫든 익히게 되는 것이 이별입니다.

처음에는 눈물을 흘리며 떠났지만,

이별이 반복되자 차차 담담하게 떠나는 내공도 생겼습니다.

22일

대수련기 6개월은 빨리도 지나갔습니다.

특기할 만한 점은 선생 수녀님께서 저에게 내리신

동료들에게 베텔 성서 강의를 하라는 엄명에 어쩔 수 없이 순명한 것입니다.

세상에서 가장 어려운 일이 동료들에게 강의하는 것입니다.

저는 순명으로 했지만 경청해 준 동료들의 겸손함에 지금도 감사한 마음입니다.

불문율처럼 전통으로 내려온 우리 수녀원의 종신서원 날짜는

베네딕도 성인의 쌍둥이 여동생인 스콜라스티카 성녀의 축일인 2월 10일입니다.

그래서 종신서원을 준비하던 저희들은

당연히 그날에 종신서원을 하는 것으로 알고 있었는데
그해에는 스콜라스티카 성녀 축일을 큰 행사 없이 고요히 지내고
2월 22일 베드로 사도좌 축일에 종신서원을 한다는 발표를 듣는 순간
저는 온몸에 소름이 돋았습니다.

1973년 9월 14일, 천지 분간도 못하고 성경도 읽어 본 적이 없던 저는
마치 자석에 끌리듯 수녀원에 입회하였습니다.
칠 남매의 막내로 엄마 없이 살 수 없었던 제가
무슨 용기로 엄마를 떠날 생각을 하였는지 지금 생각해도 신기합니다.
뭔지 설명할 수는 없으나 거부할 수 없는 강력한 이끌림이 있었습니다.

수녀원에 입회하여
하느님을 처음으로 만났고, 자신을 처음으로 알게 되었고,
이웃을 있는 그대로 바라보고 사랑하게 된 날 2월 22일에
그리스도의 정배로 종신서원을 하게 된다니,
하느님과 저만 아는 그 비밀스러운 은총의 만남을

영원토록 기억하라는 초대로 여겨져 소름이 돋았던 것입니다.

저는 종신서원 반지 안쪽에 '82. 2. 22 ☧ 의 레나'라고 새겨

이 놀라운 만남과 사랑의 언약을 평생토록 기억하고 있습니다.

그러고 보니, 22일은 제게 운명과도 같은 날짜입니다.

달은 다르지만 22일에 태어났고,

1974년 2월 22일에 처음으로 하느님을 만났고,

1977년 첫서원 때 하느님께서 주신 새 이름 수도명의 영명축일이 7월 22일이고,

하느님을 만나고 8년 후인 1982년 2월 22일에 종신서원을 하였습니다.

그래서 저는 가끔 생각하고 말하기도 합니다.

아마 22일에 이 세상 소풍을 끝내고 그리운 분을 만날 것만 같다고.

꼭 2월 22일이 아니더라도 22일일 것만 같다고.

아 참, 2022년은 성서학교 설립 25주년이고,

제가 베네딕도 성서학교에서 봉사한 지 22년째 되는 해입니다.

앞으로 가도 22, 뒤로 가도 22,

주님의 정배인 저는 지금까지 섭리의 날개를 타고 살아왔고,

그 날개에는 22가 깊게 새겨져 있습니다.

난생처음 비행기를 타고

공부에 대한 저의 솔직한 심정은, 하면 좋겠지만
그보다는 평생 전교 수녀만 해도 행복하고 만족하다는 생각이었습니다.
30대 중반에 공부를 시작하는 것은 생각만으로도 힘들었지만
종신서원을 코앞에 둔 대수련자가
공부하라는 선생 수녀님의 제안에 차마 싫다고 할 수 없어
눈물을 흘리며 순명하겠다고 말씀드렸습니다.

너무 싫은 것을 억지로 순명해서 그랬는지 학원에 다니며 병이 났습니다.
눈이 토끼 눈처럼 빨갛게 되었습니다.

마침 서울에 올라오신 원장 수녀님과 면담하며
공부를 그만두겠다고 말씀드렸더니
제 모습을 본 원장 수녀님은 건강이 우선이니 그만두라고 하셨습니다.
그날로 날아갈 듯 가벼운 마음으로 새로운 소임을 기다리던 차에
필리핀으로 EAPI 코스를 가라고 하셨는데,
어찌 된 영문인지 저는 아무것도 모르는 사이에
필리핀이 로마로 변경되어 졸지에 로마 유학을 준비하게 되었습니다.

당시 로마 총원의 에델트르드 총장 수녀님은
제가 입회하던 때 대구 수녀원의 원장 수녀님이셨습니다.
외국인을 그렇게 가까이 대하기는 처음인 제게
한국말을 하고 김치를 먹는 아름다운 미모의 의사 수녀님은
너무나도 신기하기만 한 경애의 대상이었습니다.

그렇게 하느님께서는 저에 대한 권한을 지닌 수녀님들을 통해
저의 진로를 변경하셨습니다.

저도 모르는 사이에 "모든 일이 서로 작용해서 좋은 결과를 이룬"(로마 8,28) 것입니다.

그렇게 비행기도 한 번 타 본 적이 없던 제가

졸지에 런던행 비행기를 타고 영어 연수를 위해 영국으로 날아갔습니다.

아는 사람 하나 없는 런던 히스로 공항에

독일 상트 오틸리엔 소속 독일인 수사님 한 분이

팻말에 제 이름을 써서 들고 기다리고 있었습니다.

수사님의 수도원에 도착하자마자 저는 긴장과 피로가 풀린 탓인지 코피를 쏟았고

곧바로 깊은 잠에 빠져들었습니다.

깨어나 수사님이 주신 음식을 먹고,

수사님이 미리 주선하신 하숙집으로 갔습니다.

그곳은 어느 수녀원에서 운영하는 영국의 전형적인 2층 아파트로

국적이 다른 수녀들 4명이 함께 묵었습니다.

그 숙소의 책임자는 독일인 수녀님이었는데

아침 식사만 제공되어 점심과 저녁은 각자가 해결해야 했습니다.

수사님은 런던 시내 한복판에 있는 영어학원에 저를 입학시키셨고,
런던의 명물인 빨간 이층 버스를 어디서 어떻게 타고 내려야 하는지,
지도를 보여 주시며 자세히 알려 주었습니다.
저는 말 못 하는 아이가 아저씨를 따라다니듯 졸졸 따라다니며
수사님의 설명을 들었지만 아주 조금 알아들었고,
궁금한 것이 많았지만, 말을 할 수 없으니 물어볼 수가 없어
눈치로 대충 짐작했을 뿐이었습니다.

학원 수업은 영국인과 결혼한 중국인 여자 선생님이 가르쳤는데
아주 유능한 교사였습니다.
일단 생김새가 동양인이라 친근감이 생겼고 왠지 신뢰가 갔습니다.
그러나 유능한 교사에게 배운다고 유능한 학생이 되는 것은 아니었습니다.
특히 성격상 실수를 꺼리는 저는 실수하느니 차라리 입을 닫고 있었기에
시간이 갈수록 영어에 대한 스트레스는 커져만 갔습니다.
우리 반에는 말도 안 되는 웃기는 영어로 말을 하는 예멘 청년이 있었지만
문법 위주로 공부한 저는 그저 꿔다 놓은 보릿자루처럼 앉아 있었습니다.

몇 달이 지나도 영어에 진척이 없자 하숙집 책임 수녀님과 상담을 하였습니다.

이런 실력의 영어로는 공부할 자신이 없으니

한국으로 돌아가는 것이 좋겠다는 저의 하소연에

그 수녀님은 그 정도면 얼마든지 공부할 수 있다며 용기를 불어넣어 주었습니다.

영어가 주는 스트레스와 음식이 주는 어려움은

런던 시내 지도를 보고 대영박물관과 하이드 파크를 찾아가 풀곤 하였습니다.

특히 나무와 숲을 좋아하는 제게 하이드 파크는 엄마 품처럼 아늑했습니다.

주말에 비가 많이 오지 않으면 하이드 파크로 가곤 하였습니다.

지금 생각하면 겁도 없이 혼자서 숲을 거닐거나 숲속에 앉아 있었는데

수호천사가 저를 보호하느라 무척이나 수고하셨을 것입니다.

또 그렇게 찾아간 가톨릭 웨스트민스터 성당, 성공회의 웨스트민스터 대성당,

특히 성 바오로 성당에서는 그 크기에 놀라

돔 아래 입을 벌리고 한참을 서 있었습니다.

아, 세계 표준시가 시작되는

경도의 기준인 본초 자오선인 그리니치 천문대도 갔었네요.

우리나라는 위도 33~43도, 경도 124~132도 사이에 있습니다.

영국 날씨는 떠나는 날까지 적응이 안 되었습니다.
아침에 해가 반짝하면 한국인인 저는 당연히 우산을 준비하지 않았는데
그런 식으로 비를 맞은 적이 한두 번이 아니었습니다.
영국 신사가 왜 우산을 들고 다니는지 이해가 되었습니다.
그때 큰맘 먹고 산 비옷이 지금도 옷장 안에 걸려 있습니다.

런던 사람들은 여름에 해가 나면 공원에 나가, 거의 알몸으로 누워 있습니다.
신사의 나라에서 이게 무슨 볼썽사나운 일인지….
그러나 비가 많고 햇빛이 귀한 나라이기에 해만 나면 남녀노소 할 것 없이
공원에 나가 일광욕을 하며 햇볕에 몸을 굽는 것이 그들의 일상이었습니다.

시간은 빨리도 흘러 로마로 갈 때가 다가왔습니다.
떠나기 얼마 전에 마침 버킹검궁 앞에서 왕실 행사가 있어
키가 큰 수많은 군중을 헤치고 앞으로 나가

바로 지척에서 마차에 탄 엘리자베스 여왕 부부와

그리고 아름다운 다이애나 비의 미소도 보았습니다.

보고 싶은 것을 보고야 만 제가 자캐오를 닮았다는 생각이 들기도 하였습니다.

왕족들도 우리와 같은 사람인데… 아무튼 영국인의 왕족 사랑은 대단합니다.

제가 떠나던 날, 날씨는 런던답게 구름이 잔뜩 낀 잿빛 날씨였습니다.

그러나 비행기가 이륙하여 두꺼운 구름 위로 올라가자

하늘은 천상의 아름다움을 연상케 하는 석양으로

숨 막히게 아름다운 빛의 향연을 연출하고 있었습니다.

제가 지금까지 본 석양 중에 가장 아름다운 석양으로

천국을 빛으로 표현한 단테의 신곡이 단번에 이해되는 순간이었습니다.

우리는 지상에서 매일의 날씨에 영향을 받고 살아가지만

하늘은 그 모든 것을 초월하는 빛으로 빛나고 아름다웠습니다.

그 순간에 저는 공부에 대한 부담감을 다 내려놓고

로마에서 전개될 여정을 미리 보여 주셨는지도 모른다며 위로받았습니다.

아름다움이 우리를 구원한다는 말은 진실이었습니다.

네 앞에 천사를 보내어

저에게 천사란 성경과 동화책에 등장하는 가상의 존재였습니다.

천사를 믿는 사람은 순진하거나 혹은 매우 거룩한 사람이라고 생각하였습니다.

이런 단정적인 생각을 하는 제 자신을 제법 이성적이라 여겼습니다.

그러나 거부할 수 없는 천사 체험을 두 번이나 하고 나서는

지금까지 살아오는 동안 헤아릴 수 없이 많은 천사를

만났고, 만나고, 만날 것이라고 굳게 확신하게 되었습니다.

✦ 보이지 않은 천사

저는 수련자 때, 경북 함창 성당에 6개월 실습을 나간 적이 있습니다.

그곳은 시골 성당이라 공소들이 많았습니다.

당시는 신부님들의 교통수단이 오토바이였던 가난한 시절이었습니다.

저는 학교 운동장에서 홀로 자전거를 배우며

넘어지고 일어서기를 반복하다가 드디어 운동장을 벗어나

양쪽이 논인 좁은 논둑길을 달리기 시작하였는데

잘 가다가도 앞에서 누가 오면 제풀에 넘어지곤 하던 왕초보였습니다.

실력은 부족한데 의욕은 넘쳐

성당에서 가까운 공소를 방문하려고 자전거를 타고 나섰습니다.

저 멀리 공소가 눈에 보이기 시작하면,

폭 3m 정도의 난간도 없는 좁은 시멘트 다리를 건너야 했습니다.

자전거에서 내려 자전거를 끌고 다리를 건너면 안전했을 텐데,

저는 자전거를 탄 채 다리를 건너다 초입에서 바닥의 모래에 미끄러졌습니다.

자전거 앞바퀴가 다리 가장자리로 넘어가고,

안장에 앉은 저는 몸이 아래로 쏠린 상태에서 어떻게 떨어지지 않고 내렸는지….

누군가가 뒤에서 강하게 낚아채지 않았다면 큰 사고가 났을 상황이었습니다.

가까스로 자전거에서 내린 다음에야 바닥에 주저앉아 기진하였습니다.

자전거 타기에 숙달한 것도 아니고, 몸이 날렵한 것도 아니었는데

어떤 강력한 힘이 저를 뒤에서 붙잡았던 것입니다.

아, 5~7m 높이의 다리 밑은 울퉁불퉁 큰 바위들이 솟아 있어

그대로 떨어졌다면 불구가 되었거나 목숨을 잃었을지도 모르는 일이었습니다.

그 순간에 천사에 대한 저의 단정적인 생각은 말끔히 사라졌고,

천사의 도움이 아니면

도저히 자전거에서 내릴 수 없는 상황을 눈으로 확인하면서

눈에 보이지는 않았지만,

그 무엇보다 더 확실하게 천사의 존재를 믿게 되었습니다.

공소 다리에서 체험한 천사는

하느님께서 저를 붙들어 주라고 보내 주신 수호천사였습니다.

그때부터 저는 천사의 존재에 대한 흔들림 없는 믿음을 갖게 되었습니다.

✦ 보이는 천사

제가 눈에 보이는 천사를 만난 곳은 1983년 가을 런던의 개트윅 공항이었습니다.

당시 저는 5개월 동안 런던에서 영어 연수를 마치고

로마행 비행기를 타기 위해 공항으로 향했습니다.

제가 출국할 당시 우리나라의 국제공항은 김포 공항이 유일했기에

우물 안 개구리였던 저는

당시 김포에서 출발하여 런던의 히스로 공항에 내렸으니,

떠날 때도 당연히 히스로 공항이라고 생각하였던 것입니다.

여행사에서 항공권을 사면서도 공항을 확인할 생각조차 안 했던 것입니다.

일찍 공항에 나가서 망정이지 그렇지 않았더라면….

히스로 공항에 도착해서야 공항이 또 하나 더 있으며

로마행 비행기는 개트윅 공항에서 타야 한다는

청천벽력과도 같은 사실을 알게 되었습니다.

하늘이 노랗다 못해 무너지는 상황에서

어떻게 개트윅 공항에 갔는지도 기억에서 가물거립니다.

헐레벌떡 개트윅 공항 로비에 들어섰을 때,

승무원 복장을 한 멋진 영국 남자가 제게 다가와 이름을 물었습니다.

제 이름을 말하자, 그는 제 손을 붙잡고 뛰었습니다.

수하물을 부치고 탑승수속을 하기까지

그 승무원의 손을 잡고 뛴 기억밖에 나지 않습니다.

제가 비행기에 탑승하고 비행기는 곧 이륙하였습니다.

너무나 놀라고 긴장해서 그 승무원에게 고맙다는 말도 제대로 하지 못했습니다.

이번에는 눈에 보이는 천사를 보내 주셔서

길 잃고 헤매는 저를 안전하게 로마로 데려오셨습니다.

공소 다리에서 만난 무형無形의 천사와

개트윅 공항에서 만난 유형有形의 천사는

저로 하여금 그동안 미처 알아보지 못했던 수많은 천사를 알아보는

마음의 눈을 뜨게 해 주었습니다.

하느님께서는 출애굽한 이스라엘 백성에게 가나안 입주를 약속하시며

"이제 나는 너희 앞에 천사를 보내어

너희를 도중에 지켜 주며 내가 정해 둔 곳으로 너희를 데려가리라."(탈출 23,20)고

언약하신 바를 제게도 성실히 이루셨습니다.

또한 늙은 야곱의 체험된 고백에 옷깃을 여미며 저의 고백도 얹어 감사드립니다.

"태어날 때부터 이날까지 나의 목자가 되어 주신 하느님,

온갖 어려움에서 나를 건져내 준 하느님의 천사"(창세 48,15-16)

지금까지 제가 만난 천사는 이루 다 헤아릴 수 없이 많습니다.

저를 사랑으로 낳아 주시고 길러 주신 엄마 천사,

다정한 우애로 감싸 주신 언니 천사,

무조건 이모를 지지하고 사랑한 조카 천사들,

무지한 저를 배움과 이해의 길로 이끌어 주신 스승 천사들,

있는 그대로 저를 이해하고 사랑해 준 친구 천사들,

지금의 저를 있게 한 수도 가족 천사들,

여러 사도직에서 만난 천사들,

그리고 베네딕도 성서학교에서 만난 수많은 천사,

이들은 모두 하느님께서 제게 보내 주신 천사들이었습니다.

제게 많은 천사를 보내 주신 주님께서는

제게도 다른 이들에게 천사가 되라고 재촉하십니다.

"너희가 거저 받았으니 거저 주어라."(마태 10,8)라고 속삭이십니다.

로마의 아벤티노 언덕

로마에서 공부하던 선배 수녀님의 마중으로

로마 외곽에 있는, 사진으로만 보았던 총원에 도착하였습니다.

무엇보다 한국 수녀님들이 계셔서 반가웠고,

에델트르드 총장 수녀님을 뵙게 되어 기뻤습니다.

제일 높으신 분이 한국에서 원장을 하셨던 분이시라

왠지 든든하고 뿌듯하였습니다.

당신이 대구에서 지원자로 받아들였던 제가

종신서원까지 하고 로마에 나타났으니,

총장 수녀님께서도 무척이나 반가워하셨습니다.

로마는 일곱 개의 언덕 위에 세워진 도시라고 합니다.

그중 하나인 아벤티노 언덕에 있는 시토회 본부 건물의 한 자락을

세계 곳곳에서 로마로 유학 온

베네딕도회 수녀들을 위한 기숙사로 사용하였습니다.

이탈리아, 폴란드, 독일, 오스트리아, 유고슬라비아(해체되기 전) 출신인

유럽의 관상 분도회 수녀 5명과 탄자니아, 브라질,

그리고 한국 수녀 4명, 총 11명이 함께 지냈습니다.

국적과 언어와 문화가 다르지만 베네딕틴이라는 공통점으로

우리는 함께 모여 기도하고 식사하며 생활하였습니다.

멤버들 모두 이탈리아어로 공부하였고, 저만 영어로 공부하였기에

성무일도는 이탈리아어로 하였습니다.

아, 학교에서 듣는 영어도 너무나 버거운데 집에서는 이탈리아어까지….

'아유, 정말! 하느님 날 구하소서!'의 상황이었습니다.

저와 함께 레지나 문디(Regina Mundi)에 입학한 다국적 수녀님들 중에

한국 수녀 4명—세레나, 레나, 데레사, 리오바—은

만나자마자 의기투합하여 친구가 되었습니다.

수업 시간에 받은 스트레스는

쉬는 시간이면 데레사 수녀님의 유머로 다 풀었습니다.

잉그리드 버그만 닮은 우아하고 아름다운 리오바 수녀님은

교황청 소속 울바노 기숙사에 있었기에

로마에 총원이 있는 우리 셋과는 좀 다른 형편이었습니다.

아마 그때부터 리오바 수녀님을 챙겨야 한다는 남다른 애정이 솟구쳤고,

공부하는 내내 바로 옆자리에 앉아 서로 도우며 지냈습니다.

그렇게 동생이 없는 제게 동생이 생겼고,

언니가 없는 수녀님에게 언니가 생겼습니다.

하루는 학교가 끝나고 버스를 타러 가는 길에

평소처럼 이야기하며 웃음보가 터진 우리 앞에 어떤 이탈리아 남자가 나타나

"너희들 정말로 그렇게 행복하냐?" 하고 물어 그렇다고 했더니

재차 확인하며 지나갔습니다. 그게 우스워서 우리는 또 웃었습니다.

그때부터 지금까지 38년 동안 우리는 사이좋은 언니와 동생이었는데

뭐가 그리 급했는지 작년에 아우가 먼저 하늘나라로 떠났습니다.

영원한 도움의 성모회 수녀님들의 배려로

입관식과 장례 미사, 그리고 화장과 묘지 안장까지 마지막을 함께하며

수녀님의 명복을 빌며 그동안의 우정에 깊이 감사드렸습니다.

친구들은 한국으로 돌아가고 저만 논문을 쓰기 위해 남았습니다.

함께 웃을 친구도 없고, 옆자리에 리오바 수녀님도 없는 채로

날마다 책과 씨름하며 지냈습니다.

비행기 소리만 들어도 엄마와 한국 생각이 더욱 간절한 그리움의 나날이었습니다.

컴퓨터가 사용되기 시작하던 무렵이었지만

저는 논문을 타자로 치는 세대였기에

당연히 논문 발표 역시 아날로그식이었습니다.

성령의 도우심으로 발표는 성공적이었고 지도 교수님들의 과분한 칭찬 속에

종교학 석사 학위를 받았습니다.

논문 발표를 끝내고 바로 그 자리에서 총원 수녀님들이 마련한 다과로

참석자들과 함께 조촐한 축하 파티까지 하는 호사를 누렸습니다.

귀국을 준비하던 어느 날, 총장 수녀님이 부르셔서 갔더니

아르헨티나 선교 갈 마음이 없느냐고 하시길래

저는 생각하지도 않고 그 자리에서 바로 거절하였습니다.

비행기 소리만 들어도 그리움으로 절절하던 제게 선교는 딴 나라 이야기였습니다.

그런 연고로 인해, 외국에 선교사로 파견된 수녀님들에 대해

고맙고 빚진 마음이 항상 있습니다.

그래서 제가 할 수 있는 한 기도와 도움을 주려고 애쓰고 있습니다.

아, 아버지

1984년 5월 6일 한국 순교자 103위 시성식을 앞두고

요한 바오로 2세 교황님은 로마에서 한국어를 열심히 공부하셨습니다.

당시 로마 유학 중이던 장익 신부님이 교황님의 한국어 개인 교사였습니다.

이런 사실을 전혀 모르고 있던 유학 중인 베네딕도회 수녀들은

역사상 처음으로 한국어 미사가 봉헌되는

바티칸의 교황님의 개인 경당에 초대되는 영광을 누렸습니다.

장익 신부님이 우리 서울 수녀원에 상주 사제로 계신 인연으로

로마에 있던 베네딕도회 수녀들이 제일 먼저 초대된 것입니다.

초대받은 저는 너무나 기쁘고 벅차서 잠을 잘 수가 없었습니다.

자려고 애를 쓰면 쓸수록 정신은 더 맑아지기만 하였습니다.

제가 태어나서 누군가를 위해 꼬박 밤을 새우기는

교황님이 처음이자 마지막이었습니다.

그렇게 뜬눈으로 밤을 지새우다가 드디어 교황님의 경당에서 한국어 미사를 하고

우리는 알현실로 인도되었습니다.

우리는 교황님의 강복을 받고 묵주 선물도 받았습니다.

제 차례가 되자, 행복한 설렘으로 밤을 새운 저를 아셨는지,

교황님은 저의 머리를 두 손으로 감싸 흔드시며 밝게 웃으셨습니다.

아마도 동양의 한 작은 수녀가 당신 때문에 홀딱 밤을 새우고도

기쁨에 넘쳐 행복해하는 연유를 다 아신 것처럼 말입니다.

그런 모습을 본 장익 신부님은 교황님이 저를 귀여워하셨다고 하셔서

저는 웃음으로 긍정하였습니다.

진심은 종족과 언어와 신분을 넘어 통하니까요.

저의 진심을 읽어 주신 교황님의 섬세하심에 감사드립니다.

교황님과의 알현은 제게 '아, 이분이 내 아버지시구나!'라는
생각을 마음 깊이 새겨 주었습니다.
그 순간에 저는 교황님을 아버지로 삼았고, 지금도 변함없이 그렇게 생각합니다.

저는 일곱 살에 아버지가 돌아가셔서 홀어머니 아래 자랐습니다.
제 친구들은 젊은 아버지와 파마머리를 한 엄마가 있었지만
제게는 쪽진 늙은 엄마가 있었습니다.
가끔 친구들의 아버지를 보면서
나도 아버지가 있었으면 좋겠다는 생각은 하였지만
특정한 사람을 아버지로 생각해 본 적은 단 한 번도 없었습니다.

그런 제가 한국인도 아닌 폴란드인,
일반 사람도 아닌 교황님을 아버지로 삼았으니, 하느님의 놀라운 은혜입니다.
교황님의 개인 경당에 한 번 더 미사 참석을 하였고,
우리 기숙사 근처 안셀모 대학에 오셨을 때, 다시 뵙고 강복을 받았습니다.
첫 만남의 그 감격과 감동은 아니었지만

뵈올 때마다 사랑하는 아버지를 만나는 딸처럼 마냥 행복했습니다.

얼마 전, 아주 오랜만에 절두산 성지를 갔는데

그곳 정원에 아버지가 계셨습니다.

비록 동상이었지만 저의 반가움은 컸습니다.

지금은 성인이 되신 아버지께

여전히 허물 속에 살아가는 이 딸을 위해 기도해 주시기를 빌었습니다.

스탄브룩 수도원(Stanbrook Abbey)

로마의 유학생들은 긴 여름방학 동안에는 기숙사를 비워야 했습니다.

저는 로마에 있는 총원에서 머물 수도 있었으나

무엇보다 영어가 시급했던 터라 방학마다 영국으로 갔습니다.

첫 방학에 총장 수녀님의 주선으로 간 곳은

양로원을 운영하는 수녀원이었는데 그곳에서 노인들을 돕는 일을 하였습니다.

영어를 배우기보다는 숙식만 제공된 워킹 홀리데이에 가까운 나날이었습니다.

다음 해에 총장 수녀님의 주선으로 해마다 연속으로 갔던 곳이

영국 우스터에 있는 유서 깊은 스탄브룩 수도원(Stanbrook Abbey)이었습니다.

그 수녀원은 1625년에 토마스 모어의 후예 3명과 영국 순교자들의 친척 등

9명의 영국 여성에 의해 창설된 베네딕도 관상 수녀원으로

영국은 물론이고 베네딕도 연합에서도 명망이 높은 수녀원이었습니다.

사실 저는 베네딕도 수녀회 수녀였지만

그때까지 다른 회 수도자와 베네딕틴의 차이를 크게 느끼지 못하였습니다.

그런 제게 스탄브룩 수녀원은

마치 베네딕도 성인이 쓰신 규칙 속으로 들어가 생활하며

진정한 베네딕틴의 삶을 맛보는 계기가 되었습니다.

그곳 수녀님들은 명칭부터 우리와 달랐습니다.

Sister로 불리는 우리와는 달리 그분들은 서로를 Dame이라 호칭하였습니다.

Dame은 영국 남자 Sir처럼 여성에 대한 존칭입니다.

Norte Dame이 성모 마리아를 지칭하는 존칭이듯 말입니다.

그렇게 저는 40여 명의 Dame들과 함께 수도원 안에 정주하며

기도하고 일하는 단순하고 순수한 천상의 삶을 맛보았습니다.

그곳은 성당을 중심으로 묘지와 수녀원,

그리고 앞에는 넓은 과수원이 있었습니다.

먼저 간 선배 동료들과 남은 수도자들이

그리스도를 중심으로 살고 있었던 것입니다.

수녀원 건물 구조부터 제게는 매우 신학적으로 다가왔고,

성당 가대에서 부르는 그들의 찬미 노래는 참으로 아름다웠습니다.

그리고 식당은 천장이 아주 높고 고풍스러웠는데,

한 뼘 가까이 두꺼운 원목으로 된 식탁은 역사와 전통을 드러냈지만

정작 식탁에 올라오는 음식은 조촐하고 가난하기 짝이 없었습니다.

또한 수녀님들의 옷은 기운 데가 많았지만

기도 때마다 그 위에 쿠쿨라를 입었기에 우아하기만 하였습니다.

그곳에서 마주한 수도 생활, 특히 청빈은 우아하고 아름다웠습니다.

그곳은 제게 베네딕틴으로서의 자긍심을 심어 준 종갓집과도 같은 곳입니다.

생활 전반에 걸친 청빈이 그 수녀님들을 얼마나 맑고 아름답게 했던지요!

거기서 영명축일을 맞은 저에게 한 수녀님이 써 준 카드는
지금까지 제가 받은 카드 중 가장 가슴 뭉클한 축하 카드입니다.
가진 것이 없는 가난한 수녀님은 달력의 꽃 그림을 오려서
거기에 줄 것이 없어 마음을 준다는 글로 저를 감동케 하였습니다.

그곳 Abbess는 일주일에 한 번 공동체를 위한 강론을 하셨는데
저는 그 시간을 너무나 좋아하고 기다렸으며
그곳 회원이 아니면서
정기적으로 자청하여 원장 수녀님의 영적 지도도 받았습니다.

제가 그곳에서 한 일은 약초 방 수녀님을 도와 약초를 따거나 말리는 일과
제의 제작실에서 바느질하는 것이었습니다.
저는 제법 능숙하게 수를 놓고 바느질을 하여
한국인의 야무진 솜씨를 인정받았습니다.
제가 여름방학 때마다 가서 천상의 행복을 맛보았던 그곳은
참으로 안타깝게도 회원이 줄어들어 현재는 수도원을 팔고

다른 곳으로 거처를 옮겼다는 슬픈 소식을 들었습니다.

수도원 자리는 지금은 Stanbrook Abbey Hotel이 되었다고 합니다.

영국에 갈 일이 없겠지만, 그곳은 늘 그리움으로 저를 잡아당기는 곳입니다.

마음의 고향과 같은 그곳 수녀원의 Dame들이

주님 안에서 평안하시기를 바랍니다.

여럿이, 홀로 순례

✦ 이스라엘

레지나 문디에서 이스라엘 순례가 있어 장상의 허락을 받고

다국적 수녀들로 이루어진 순례단에 리오바 수녀님과 함께 참여하였습니다.

로마에서 이스라엘은 멀지 않아 경비와 시간이 그다지 부담되지 않았고

무엇보다 우리를 가르친 신약학 교수 신부님이 가이드를 하는 순례라

기대되었습니다.

그때는 그 기회가 제게 있을 유일한 성지 순례라 생각하였습니다.

예수님의 발자취를 따른 빠듯한 일정은 감동의 연속이었지만 힘들었습니다.

개인적으로 가장 경이롭고 인상 깊었던 곳은

사해의 협곡 아래서 올려다본 1000m 정도의 까마득한 고도高度였습니다.

위대한 자연 앞에

한 점에 불과한 인간임을 무섭도록 사무치게 느낀 곳이었습니다.

당시는 예루살렘 황금 사원 입장이 가능했기에

아브라함이 이사악을 제헌한 모리야산 커다란 바위를 보호하듯

그 위에 세워진 황금 사원을 관람할 수 있었습니다.

아브라함이 자신의 모든 것인 아들 이사악을 기꺼이 봉헌하려 했던 그곳을 돌며

너무 피곤하여 잠깐 주저앉았더니 어디선가 금방 사람이 나타나 제지하였습니다.

천천히 한 바퀴 도는 것으로 그곳에서 나와야 했습니다.

예루살렘 성전은 유다인에게는 계약의 궤를 모셨던 성지이고,

이슬람에게는 마호메트가 승천한 성지이고,

우리 그리스도인에게는 예수님이 죽으시고 부활하신 성지 중의 성지입니다.

장소는 하나인데 서로 다른 종교의 성지이다 보니

갈등과 분쟁의 여지가 지속되는 곳입니다.

이름처럼 예루살렘이 모두에게 평화의 도성이 되기를 바랍니다.

✦ 루르드

1987년 당시에는 로마에서 한국으로 가는 직항이 없었기 때문에

저는 한국으로 돌아가기 위해 자동차로 눈 덮인 몽블랑을 넘어 파리로 갔습니다.

파리에서 유학 중인 한국 신부님의 호의와 배려로

파리 한인 교회를 위한 작은 집에 머물며 떠나기까지 며칠의 여유를,

말로만 듣던 노트르담 대성당을 순례하고 센 강변을 거닐며 즐겼습니다.

제가 본 런던의 황토색 템스강, 로마의 담청색 테베레강,

파리의 회색 센강은

우리 한강에 비하면 정말이지 명함도 못 내밀 수준이었습니다.

나라 밖의 이름난 강들을 보고 나서야
수려하게 아름답고 잘생긴 한강의 빼어남을 알게 되었습니다.
건물들이야 그들과 견줄 수 없지만
우리나라의 산과 강은 그야말로 금수강산입니다.
사람들이 이룬 문명은 비교되지만, 하느님이 주신 환경은 우리가 독보적입니다.

불어 한마디 못하면서 홀로 밤기차를 타고 루르드로 갔습니다.
그때 난생처음으로 침대 기차 여행을 했는데도
두려움 없이 편안하게 잠을 자며 갔습니다.
루르드의 밤에 끝없이 이어지는 촛불 행렬에 저도 촛불을 들고 참석하였습니다.
세계 곳곳에서 모여든 언어와 피부색과 문화가 다른 사람들이
신앙으로 하나가 되어 묵주 기도로 아베 마리아를 노래하며 광장을 도는 모습은
눈물 나도록 감동적이고 아름다운 "모든 성인의 통공" 체험이었습니다.
그들은 같은 신앙을 가진 저의 형제요 자매였습니다.
저는 한국을 대표하여 참석하는 마음이었고,
무사하게 공부를 마치고 귀국할 수 있음을 깊이 감사드렸습니다.

지금의 루르드에는 아름답고 화려한 성당이 건축되었지만

그 당시 루르드에는 헤아릴 수 없이 많은 목발이 걸려 있던

아주 오래된 성당이 있었습니다.

목발을 짚고 순례를 온 환자들이

갈망하던 치유를 얻고 증거로 두고 간 것들이었습니다.

목발이야 눈에 보이는 증거지만, 눈에 보이지 않는 질병의 치유를 받은 분들은

아마도 깊은 신앙과 감사의 마음을 남겨 두었을 것입니다.

지금도 여전히 퐁퐁 솟아나는 기적수는 세계 도처로부터

많은 순례자를 루르드로 부르고 있습니다.

나를 이끄신 여정 II

✦ 왕십리 성당

제가 로마에서 학업을 마치고 돌아온 1987년은
툿찡 포교 베네딕도 수녀회 대구 수녀원에서
툿찡 포교 베네딕도 수녀회 서울 수녀원이 분가하여 독립한 첫해입니다.
대구 소속으로 떠났던 저는 돌아와서는 서울 소속이 되어 있었는데
애초에 상지 피정집 일원으로 양성을 받았기 때문이었습니다.
인사차 들른 대구 사수동 본원은 제게 너무나도 낯설어서 인사만 드리고
그리운 신암동으로 달려갔다가 마침내 서울 상지 피정집에 짐을 풀었습니다.

서울 소속인 제게 서울 수녀원 환경은 생소하기만 하였습니다.

아직 수녀원 건물이 없었기에 수녀님들은 상지 피정집을 본원 삼아 지내고,

모든 것이 어설픈 시절이었습니다.

제가 가장 잘할 수 있는 것이 본당 수녀였기에

원장 수녀님께 간곡히 청하여 파견된 본당이 왕십리 성당이었습니다.

저는 물 만난 물고기처럼 신바람이 났습니다.

그곳에서 가장 잊을 수 없던 것은 성가대였습니다.

당시 열악했던 본당은 성가대를 지도할 만한 평신도가 없었습니다.

그래서 음악의 음 자도 모르는 제가 용감하게 성가대 지도 수녀가 되어

성가대를 지도하였으니, 그야말로 무식이 용감한 것이었지요.

음악은 몰랐지만, 무식을 덮는 큰 열정으로 성가대는 일취월장하였고,

참으로 아름다운 찬미로 교중 미사를 풍요롭게 하였습니다.

그때 제가 사십 대 초반이었고

성가대 몇 분만 선배이시고 대다수는 삼십 대로 싱싱한 목소리를 가졌기에

그토록 아름다운 하모니로 노래할 수 있었던 것입니다.

그 아름다운 하모니는

성가대가 서로 아끼고 사랑하는 친교에서 우러나온 소리였습니다.

겁 없던 저는 그레고리오 미사곡까지 연습하였고,

대축일 미사에 그것을 들은 외부 성가대 출신 신자가 성가대로 올라와

감탄과 감사를 할 정도로 성가를 아름답게 불렀습니다.

밤에는 일주일에 한 번 성경 공부를 시작하였습니다.

본당 지도자들인 평신도들이 주를 이루었습니다.

돌이켜보면, 성경 공부는 저의 사도직으로

저도 모르는 사이에 준비되었던 것입니다.

본당 신부님이 민주화 운동의 선봉장이셨던 김승훈 신부님이시라

형사들이 본당과 수녀원 문을 지키던 살벌한 시대였지만

그러든지 말든지 개의치 않고 우리는 그 시대를 용감하게 살았습니다.

본당 신부님은 무섭게 생기셨지만 실제로는 아주 다정다감한 분이셨습니다.

사람들이 도움을 요청하면 단 한 번도 거절하지 않았기에

성당 마당은 늘 전국 각지에서 온 농산품을 사고파는 곳이 되었습니다.

못마땅하게 여긴 신자들도 있었지만,

신부님은 이웃을 돕는 일에 한결같으셨습니다.

신부님은 가정 방문을 아주 열심히 하셨습니다.

신부님과 함께 방문을 다니다가 만난 잊을 수 없는 가족이 JM네 가족입니다.

기찻길 옆 공터에 커다란 국방색 군용텐트를 치고

여중생 JM과 어린 아들 셋을 가진 아빠가

쓰레기를 주우며 살아가는 집이었습니다.

아무리 가난한 집이라 해도 그렇게까지 열악한 집은 처음이라

방문 후에 시도 때도 없이 그 집 생각이 나서 울컥하곤 하였습니다.

가장 가슴 아팠던 것은

엄마도 없는 텐트에 수도와 화장실이 없었던 점이었습니다.

며칠을 고민하다가, 신부님께 모금을 해서라도

수도와 화장실이 있는 방 한 칸이라도 얻어 주고 싶다고 하였더니

될 수 있겠느냐고 하셔서,

아무튼 허락만 주시면 어떻게든 해보고 싶다고 말하였습니다.

그렇게 시작된 모금은 뜻있는 분들이 십시일반 도와주셔서

수도가 있고 화장실이 있는 방 한 칸과 주방 그릇을 마련해 주었습니다.

그리고 몇 달 안 있어 소위 임대 아파트 제도가 생겨

JM네는 마포 쪽으로 이사를 갔습니다.

한참 후에 JM에게서 아빠가 위독하다는 전화를 받았고,

성가회 수녀님들의 친절로 성가 복지 병원에 무료로 입원을 하였습니다.

아직 아이들이 어린데 그 아빠는 위독한 상태였습니다.

병상에 누운 아이들 아빠는 제게 노벨평화상을 준다며

그 나름의 고마운 마음을 표현하고 돌아가셨습니다.

그리고 고등학교를 졸업한 JM가 취직되었다는 말을 들은 다음에

소식이 끊겼습니다.

요즘은 자주 그 가족이 생각납니다.

어떻게 살아가고 있는지….

꼭 만나야 할 사람은 만나게 해 주시는 주님께 JM와 만나게 해 주시기를

기도합니다.

김승훈 신부님은 성모 신심이 뛰어나셨고,

당신 모친에 대한 효성이 지극하신 분이셨습니다.

다만 저를 부를 때 "레나야!"라고 부르신 것이 흠이라면 흠이었습니다.

제가 이름만 부르지 말고 수녀라고 부르라고,

저도 나이가 들 만큼 들었다고 하자 나이를 물으셨습니다.

제 나이를 들으시자 "언제 그렇게 먹었냐?" 하시며 또 놀리셨습니다.

모든 이들이 좀 어려워하는 분이셨는데

어찌 된 일인지 저는 겁 없이 편하게 지냈습니다.

신부님과 신자들과 함께 일본 규슈 지방으로 성지 순례를 떠나기도 하였습니다.

✦ 개봉동 성당

왕십리 본당을 떠난 다음에 본원에서의 3년 6개월 소임
—원장 비서, 성소 담당자 & 지원장—을 마치고
파견된 개봉동 성당에서 1995년부터 2001년까지 만 6년 동안 봉사하였습니다.
보통 분원장 임기는 3년으로 끝나는데
마침 역곡에 있는 가톨릭 대학 성심 교정에 출강하던 연고로
연임되어 6년을 보낸 곳입니다.

아는 신부님의 추천을 받아 당시 가톨릭 대학 총장을 겸임하신
강우일 주교님으로부터 임명장을 받고 출강은 시작되었습니다.
2학년 학생들에게 교양 필수 과목인 '그리스도교 개론'을 강의하였습니다.
개봉동 본당 신부님이신 이강구 신부님의 배려가 아니면
할 수 없었던 세컨드 잡이었습니다.

처음 대학 강단에 서던 날의 감격은 잊을 수가 없습니다.
고등학교를 졸업하고 수녀원에 입회한 저를 하느님께서는 차근차근 준비시키시어
마침내 당신을 알리는 '그리스도교 개론'을 강의하게

대학 강단에 세우신 것입니다.

교사라고는 어린이들에게 첫영성체 교리와 예비자들에게 교리,

신자들에게 성경 공부밖에 해 본 적이 없던 저를 대학 강단에 세우신 것입니다.

참 용감하신 하느님이십니다. 어쩌시려고….

참 용감한 수녀입니다. 떨지도 않고 강의를 하다니,

학기 말이면 학생들의 교수법 평가도 좋게 받았습니다.

돌이켜보면,

1986년 로마에서 밤기차를 타고 뮌헨역에 내렸을 때,

저는 온몸에 소름이 돋는 전율을 느꼈습니다.

사람들은 저를 1972년에 독일로 보내려고 했지만

하느님께서는 14년 후에 잠깐 독일을 다녀가게 하신 것 때문이었습니다.

여고 시절에 세례를 받은 저는 망할 것도 없는 가난한 집이

다시 뒤집히는 바람에 대학 진학을 포기해야만 했습니다.

그때부터 하느님께 대한 저의 반항은 시작되었고

매사에 어긋나게 반항하며 성당과는 발길을 끊었습니다.

저를 권면하려고 방문하던 레지오 단원들에게

불처럼 화를 내던 구제 불능한 냉담자였습니다.

그러던 중 근무하던 학교의 야간부 음악 선생님이 사표를 냈습니다.

당시는 삼십 대면 노처녀였는데,

사유를 물어보니 수녀원에 입회한다는 것이었습니다.

그 선생님이 수녀원에 입회한다는 말을 듣자마자

저는 마치 전기에 감전된 사람처럼 저릿저릿한 전율을 느꼈습니다.

제가 세례를 받고 첫영성체를 할 때,

수녀가 되고 싶다고 기도했던 기억이 떠올랐기 때문이었습니다.

세례 후 5년 동안 얼음보다 더 차가운 냉담자로 살았던

저의 가슴 깊이 이미 다 타서 재가 되어버렸다고 생각했던

성소의 꿈이 재 속 깊숙이 남아 있었던 것입니다.

그렇게 저는 그 선생님의 수녀원을 방문하게 되었고,

그곳 원장 수녀님은 제 여고 선배님이고, 같은 본당 출신이었습니다.

그 원장 수녀님은 제게 독일로 가서 공부할 것을 제안하였고,

당시 그 제안은 매우 멋지고 빛나 보였습니다.

그러나 서둘러 독일로 떠나기 위해 서류를 준비하는 과정에서

마치 제가 사랑하지도 않은 사람과

그의 재산을 보고 결혼하는 여자처럼 느껴졌습니다.

그래서 그 수녀님께 만약 하느님께서 원하신다면 언젠가는 독일에 갈 것이지만

지금 이렇게는 아닌 것 같다며 정중하게 사양했던 저였기에

독일 뮌헨역에서 그토록 소름이 돋는 전율을 느꼈던 것입니다.

하느님께서는 제가 무심코 한 말조차 귀담아들으시고

저에게 마침내 독일 땅을 밟게 하신 것이었습니다.

또한 부족하기 짝이 없는 저를 준비시키셔서 대학 강단에 세우신 것입니다.

하느님의 계획은 산도 넘고 강도 건너 마침내 이루어짐을

제 인생 여정을 보면 너무나도 실감 나게 알 수 있습니다.

이스라엘 백성의 기나긴 구원 여정은 바로 저의 여정이기도 하였습니다.

개봉동에서는 소공동체 형성과 활성화를 위한 가정 방문과

달마다 소공동체 봉사자 모임을 통해 지도자 양성에 열성을 다했고,

정체된 성서 모임을 되살리기 위해 성서 주간 행사를 진행하며

성서 공부에 즐거움과 기쁨을 불어넣으려 애를 썼습니다.

개봉동 성당은 제가 매우 열심히 일했던 곳이고,

6년을 산 곳이라 오래도록 기억에 남는 성당입니다.

03

베네딕도 성서학교

당신들이 내 말 속에 머물러 있으면 참으로 내 제자들입니다.
그러면 당신들은 진리를 알게 될 것이고 진리는 당신들을 자유롭게 할 것입니다.

(요한 8,31-32)

베네딕도 성서학교

개봉동 성당 6년 소임과 더불어 가톨릭 대학 출강 3년 6개월을 마치고

상지 피정 집으로 인사이동이 되어 성서 사도직을 맡게 되었습니다.

후배 수녀님이 1997년에 시작한 3년 과정의 '상지 성서 모임'을

제가 맡은 2001년 7월부터 4년 과정으로,

교명도 '상지 성서학교'로, 곧이어 '베네딕도 성서학교'로 바꾸었습니다.

피정 집의 프로그램으로 시작된 성서 모임은

자연스럽게 수녀원 직속 성서 사도직으로 독립하게 되었습니다.

그렇게 시작된 성서학교는 이제는 저의 분신과도 같은 곳이 되었습니다.

저의 수도 생활과 사도직의 전환점은

베네딕도 성서학교 이전과 이후로 나뉠 것입니다.

준비된 강의록도 없이 갈망과 열정으로만 시작된 사도직은
저로 하여금 공부하고, 공부하고 또 공부하게 하였습니다.
일주일 공부해서 강의하고 나면 다시 일주일 내내 공부해야만 했습니다.
그렇게 3년 과정을 공부한 분들에게 1년을 보충하여
첫 졸업생을 배출하였습니다.

다른 성서 모임과는 비교도 안 되는 작은 규모였지만
그래서 오붓하고 가족적인 분위기라 좋았고,
찾아온 학생들이 고마웠고, 함께 공부할 수 있어 기쁘고 행복했습니다.
저는 욕심 내지 않고 비교하지도 않고
그저 원하던 성서 사도직을 성실하게 하는 것으로 만족했고 감사했습니다.

구약 2년 신약 2년, 총 4년 과정인 성서학교의 인사말은 '축복합니다!'입니다.
이는 세상의 복이 되라는 성조 아브라함의 소명이고,

축복이라는 이름을 가진 사부 베네딕도 성인의 소명으로
베네딕도 성서학교 학생인 우리 모두의 소명이기도 합니다.

돌이켜 보면,
하느님께서는 이 사도직을 맡기기 위해 저를 오래도록 준비시켜 오셨습니다.
낫 놓고 기역 자도 모르던 저에게 ㄱㄴㄷ부터 가르치시어
당신의 복음을 전하는 선포자로 키우셨습니다.
그동안 13년 동안 전교 수녀를 하면서
신자들의 삶의 애환을 가까이서 보게 하시어
그들에게 무엇이 필요한지를 알도록 준비시키셨습니다.
또한 제게 성경을 대하는 신앙의 감각과 말씀을 전하는 은사도 주셨습니다.

학생들에 대한 저의 야무진 꿈은 에제키엘서 47장을 근거로 합니다.
에제키엘은 천사의 인도에 따라 성전에서 솟아나는 물을 건너는데
처음엔 물이 '발목'까지, 다음에는 '무릎'까지, 그다음에는 '허리'까지 찼고,
마지막으로는 '건널 수 없는 강'이 되었습니다.

강물에서 노는 아이들처럼 1학년은 발목까지의 물에서,
2학년은 무릎까지의 물에서, 3학년은 허리까지의 물에서 찰랑거리며
무엇보다 소중한 **"예수를 아는 지식"**(필리 3,8)을 즐겼으면 참 좋겠습니다.
그리고 4학년은 물이 깊어져 건널 수 없는 강이 된 그 강가에 서서
"이 강이 흘러 들어가는 곳은 어디에서나 생명이 넘친다." 하신 신비를 체험하며
"그 속에서 샘솟는 물이 강물처럼 흘러나오는"(요한 7,38) 주님 안에서
말씀의 강가에 자란 과일나무의 열매로 양식을 삼고 잎으로 약을 삼아
생명의 원천이신 주님을 경탄하고 찬미하면 참 좋겠습니다.

이제 하느님께서 보내 주시는 학생들과 함께 말씀 공부를 통하여
닫힌 귀와 눈과 마음을 열어 인생의 모든 순간에
우리와 함께 계신 하느님을 알아 뵈옵고
우리 각자의 인생이 자애로우신 하느님 섭리의 작품이었음을 고백하며
찬미와 감사를 드리는 복을 누릴 것입니다.

우리 학생들은 성서학교를 명문이라고, 세상에서 제일 좋은 학교라고 말합니다.

그것은 학생들이 말씀 공부를 통해 살아 계신 하느님과

자기 자신을 만난 행복한 고백이기도 합니다.

삼각 지붕의 강의실, 연두색 의자에 앉아 열심히 공부하는 학생들이

제게는 하느님께서 보내 주신 참 소중하고 사랑스러운 사람들입니다.

두 개의 정원

제게는 두 개의 정원이 있습니다.

수녀원의 두 건물 사이 구름다리와

성서학교 베란다에 화초를 돌보는 정원이 있고,

22년 동안 하느님께서 보내 주신 사람들을

정성을 다해 돌보는 성서학교 정원이 있습니다.

하나는 화초를 돌보는 정원이고, 하나는 사람을 돌보는 정원입니다.

화초를 돌본 적이 없던 저에게 정원지기는 생소했고,

막내로 사랑만 받던 제게 사람들을 돌보는 것 역시 생소했습니다.

그러나 정성과 사랑을 다하니 화초도 사람도 어여쁘게 피어났습니다.

화초는 저마다 다른 빛깔과 모양처럼 그 성질도 다릅니다.

같은 종류의 화초라 해도 다릅니다.

물을 마시는 양과 필요와 주기도 다르고,

햇빛을 선호하는 정도도 다르고, 바람을 좋아하는 정도도 다릅니다.

꽃대에서 피어난 동양란의 그윽한 향기와 호접란의 화려한 색깔과 모양,

반짝이는 연녹색 작은 잎새들을 내민 화초들을 바라보며,

처음에는 제가 화초를 잘 키우는 사람인 줄 알았습니다.

'아, 내가 초록 손인가?!'

그러나 시간이 지날수록 깨달은 것은

저는 심고 물을 주었지만 **"자라게 하신 분은 하느님"**(1코린 3,6)이시라는 진실입니다.

요즘은 화초 친구들이 저를 키웁니다.

우리가 서로 얼마나 다른지,

싹이 나고 꽃이 피고 지는 자연의 순리를,

기다림의 설렘과 아름다움의 감동을,

정성과 사랑이 어떤 열매를 맺는지,
뿌린 대로 거두는 진실을 가르치며 저를 키웁니다.

처음 성서학교 학생들의 변화하는 모습을 바라보며
'아, 내가 참 잘 가르쳐서 이런 변화가 오는구나.' 하고 착각하였습니다.
다행히 착각의 시간은 잠깐 새 지나고
학생들의 변화는 저를 도구로 삼으신 성령께서 하신다는 것을 깨달았습니다.
손가락을 움직이신 분은 성령이신데 손가락이 으스댔던 것입니다.
지금까지 만난 사람 중에 같은 사람은 단 한 사람도 없었습니다.
모두가 그만의 개성이 뚜렷한 사람들로
자기만의 성장 배경과 삶의 환경과 인생 역사를 가진
유일무이한 존재들이었습니다.
이렇게 다양한 분들의 변화는 인간의 힘만으로는 불가능하지요.
주님은 한 분 한 분을 잘 아시고 사랑하시어 그에 꼭 맞은 방법으로 대하십니다.

학기 종강 때마다 학생들은 그 학기에 공부한 말씀 중에

가장 마음에 다가온 말씀 한 줄과 왜 그 말씀이 그토록 다가왔는지를
3분 스피치를 통해 자신의 신앙과 삶을 나눴습니다.
다가온 말씀은 하느님께서 그에게 하시고 싶은 말씀이자
동시에 학생이 하느님께 묻거나 드릴 말씀이기도 합니다.
한 사람도 제외 없이 모두가 교단에 앉아 떨리는 목소리로
때론 눈물을 흘리며 지나온 삶을 하느님의 섭리로 해석하며,
말하는 이도 듣는 이들도 감동의 도가니에 빠뜨렸습니다.

지금까지 가톨릭 신자는 듣기만 하고 말할 기회가 별로 주어지지 않았습니다.
더군다나 사람들 앞에서 자신의 삶을 이끌어 오신 하느님을 증언할 기회는
전무했다고 해도 과언이 아니었습니다.
저는 매번 종강 때마다 은총의 강물에서 헤엄을 친 기분이 듭니다.
마치 성경 속의 인물들을 만난 기분도 들고,
모두 다 함께 성경 안으로 들어가 여행을 하는 심정이 들기도 합니다.

그렇습니다.

그때 거기서 그들의 이야기인 성경은 지금 여기서 우리의 이야기,
하느님께서 우리를 부르시고 구원하시는 이야기입니다.
성경은 나의 이야기이고 우리의 이야기입니다.
말씀 안에서 우리는 하느님을 만나고,
그 하느님께서 사랑하신 소중한 자신을 만납니다.

3분 스피치를 하는 분의 눈물은 듣는 이들의 눈물이 되어 흐르고,
자신의 삶을 해석한 분의 빛남은 듣는 이들을 비추었습니다.
이보다 더 은혜롭고 이보다 더 훌륭한 피정은 없을 것입니다.
아무도 지나간 과거를 돌이킬 수는 없으나 그 과거를 해석할 수는 있습니다.
삶의 의미를 찾고 해석하는 일이야말로 믿음의 진정한 모습입니다.

놀라운 것은 삶을 해석한 사람들의 변화입니다.
눈빛과 표정과 태도가 자연스럽고 아름답게 변화합니다.
삶의 의미를 찾은 이들의 초롱초롱 아름다운 모습은 놀랍습니다.
있는 그대로 사랑받은 이의 평온함이 여유롭게 드러납니다.

성형은 외모만 바꾸지만, 삶의 해석은 내면과 외모의 분위기까지 바꿉니다.

이렇게 성서학교 정원 역시 정원지기인 저를 키웁니다.

인생이 무엇인지, 신앙이 무엇인지, 삶을 해석하는 것이 무엇인지,

진정한 아름다움과 자연스러움이 무엇인지를 들려주고 보여 주며 저를 키웁니다.

학기마다 저의 수고와 정성을 통해 성령께서 거두신 열매를 맛보며

감동하고 감사하며 철부지 정원지기인 저도 조금씩 자랍니다.

살아 있는 모든 것은 정성과 사랑에 응답합니다.

이 지극히 당연한 진실을 저는 두 개의 정원을 돌보며 실감 나게 배우고 있습니다.

하느님께서 저를 어떻게 대하시는지, 무엇을 기대하시는지,

하느님의 모성을 조금씩 구체적으로 배우며

제 안에 원석처럼 숨어 있는 모성을 꺼내어 연마하는 실습도 합니다.

두 정원은 독신자인 저를 가꾸는 구름정원이자 하늘정원입니다.

오솔길

1982년, 종선서원을 앞둔 저희에게 선생 수녀님은

복음의 구절이나 단어 중에 가장 좋아하는 것을 써내라고 하였습니다.

동료들은 성경을 뒤적이며 찾았지만 저는 곧바로 '길'이라 써냈습니다.

"나는 길이요 진리요 생명입니다."(요한 14,6) 하신 말씀이 참 좋았습니다.

좋으면 그저 좋아야지, 이유가 있다면

그건 그다지 좋아하지 않는 것일 수도 있습니다.

마음의 확신을 뭐라 설명할 길은 없지만,

주님은 제게 길이요 진리요 생명이십니다.

주님이 길이시고, 주님이 그 길을 함께 걷는 길벗이시니 이보다 더 좋을 수는 없습니다.

2003년부터 수녀원 홈페이지의 방 하나를 빌려
날마다 묵상을 올리기 시작하였습니다.
처음 시작할 때의 마음은 어떻게든 학생들을 도우려는 마음이었지만
시간이 지날수록 이 묵상이 학생들뿐만 아니라
제 자신을 위한 일임을 알게 되었습니다.
우리 수녀원 일과는 아침기도 후에 묵상 시간이 있고,
그다음에 미사를 하는 일정이라
일과에 충실하면 저절로 성경에 맛 들이고 깨어 미사에 임할 수 있습니다.
학생들과 공유하는 묵상이라
저는 더욱 충실하고 진지하게 임할 수 있어서 좋았습니다.
그렇게 쌓인 묵상이 20년이 되었고, 한 해 모음이 책 한 권의 분량이니
책으로 엮으면 20권이 되는 분량입니다.

2004년에는 번역서 『기도의 오솔길』,

2008년에는 학생들의 요청과 호의로 묵상과 순례기를 곁들인

『오솔길을 걸으며』가 출판되기도 하였습니다.

2010년 5월 1일부터 수녀원 홈피의 단칸방에서 독립하여

베네딕도 성서학교 카페(https://cafe.naver.com/bbs3004)를 만들어 운영하고 있습니다.

카페의 묵상 방 이름이 바로 오솔길입니다.

이 이름은 길이신 주님께로 학생들을 인도하는

작은 오솔길이고 싶은 저의 꿈이 담긴 이름입니다.

제게 보내 주신 학생들이

오솔길의 묵상을 통해 길이신 주님께로 이르기를 희망합니다.

오솔길은 저의 꿈과 소망이 담긴 필명입니다.

약할 때 오히려

성서학교에서 봉사한 다음 해인 2002년에 몸이 안 좋아 병원에 가게 되었고,

그때부터 꾸준히 병원에 다녀야 하는 만성 질환자가 되었습니다.

그다지 튼튼하지는 않았지만 그렇다고 지병도 없었던 제게는 큰 충격이었습니다.

무슨 이유로 내가 병들었을까?

딱 집히는 것은 공간에 대한 스트레스였습니다.

성서학교 공간이 따로 없어서 빌려 사용한 공간으로 인해

적잖은 스트레스를 받았습니다.

성질대로라면 한바탕 싸우고 그만두면 되는데

힘겹게 참았더니 장기를 다친 모양입니다.

그렇게 제 병에 대한 원인을 한 후배라 생각하며 원망하였습니다.

당시 저는 집 없는 사람의 설움을 온몸과 마음으로 이해하게 되었고,

힘들었지만 성서학교와 우리 학생들을 위하여 참고 또 참았습니다.

본디 그릇이 크지 않아 스트레스가 차고 넘쳐 병이 들었던 것입니다.

수도원은 '하느님의 집(Domus Dei)'입니다.

그 하느님의 집을 마치 개인 소유인 양 여겼던 후배를 원망하였지만

얼마 지나지 않아 자신을 지키지 못한 제 자신의 약함도 보게 되었습니다.

그리고 후에 곤란한 처지에 놓인 그 후배를 제가 먼저 찾아가서

깨끗이 용서하였습니다.

그때 깊이 체험한 것은

용서란 제가 하는 것이 아니라 하느님께서 제 안에서 하신다는 것과

용서는 결국 상대보다는 자신에 대한 친절과 해방이라는 사실이었습니다.

그렇게 저는 원망에서 해방되었습니다.

그리고 얼마 후에 같이 연중 피정을 하던 그 후배가

눈물을 흘리며 제게 용서를 청하였습니다.

저는 이미 벌써 용서했는데,

후배는 시간이 지난 다음에 진정으로 회개하며 용서를 청한 것입니다.

제가 용서를 한 것과 상대가 용서를 받아들이는 데는 시차가 있나 봅니다.

제가 주님께서 기뻐하실 성서 사도직에 이토록 열정을 다하는데

주님은 왜 건강을 되돌려 주지 않으실까요?

마치 주님이 제게 빚진 것처럼 건강을 주시라고 기도했습니다.

어느 날 **"너는 내 은총을 넉넉히 받고 있다.**

그 능력은 허약함 가운데서 완성되는 법이다."(2코린 12,9) 하시며

바오로 사도를 찌르는 가시를 거두지 않으신 주님의 말씀이

바로 제게 하신 말씀으로 들렸습니다.

그때부터 저는 **"더욱더 기꺼이 내 약점들을 자랑하며"** 지내고 있습니다.

약점이 자랑이 되는 사람에게 장애란 있을 수 없습니다.

약하기에 주님께 더 의탁할 수 있었고,

성서학교에서 이루어진 기적 같은 일들이

제가 아니라 저를 통해 주님이 이루신 일임을 겸손하게 인정하게 되었습니다.

질병은 하마터면 기고만장할 뻔한 제게 정신을 번쩍 들게 한 계기가 되었습니다.

출애굽 당시, 뒤에서는 이집트 군대가 쫓아오고,

앞은 출렁이는 갈대 바다가 가로막고 있는 절체절명의 상황은

이스라엘 백성에게 죽음과도 같았지만

하느님께서는 바다를 말리시고 그 물을 오히려 보호벽으로 삼아 주시어

백성들이 마른 땅을 밟고 건너가게 해 주셨듯이

제게도 질병을

주님을 신뢰하고 제 자신을 알게 하는 보호벽으로 삼아 주셨습니다.

"물은 그들 좌우에서 벽이 되어 주었다."(탈출 14,22.29)

어느 날, 평소에도 이모를 사랑하는 조카 1-6(큰언니의 여섯 번째 자녀)

조루시아가 전화를 걸어 병원에 같이 가자고 하였습니다.

저는 조카가 아픈 줄 알고 어디 아프냐고 물었지만 한참을 망설인 조카는,

병원에 가서 자기 신장을 이모에게 줄 수 있는지를 검사하자고 하였습니다.

그 말을 듣는 순간 저는 너무나 감동하여 아무 말도 할 수 없었습니다.

결혼하여 배우자와 아들이 있는 조카가

이모에게 신장을 줄 결심을 한 것만으로도

이미 신장을 받은 것과 다름없었습니다.

제가 병으로 죽는 한이 있더라도

앞날이 창창한 조카의 신장을 받지는 않을 것입니다.

조카가 이모를 사랑하는 것 이상으로 저도 조카를 사랑하니까요.

이처럼 사랑스럽고 기특한 조카가 있으니, 저는 복도 많습니다.

지금은 돌아가신 저의 수련장 수녀님이셨던 이요안나 수녀님 역시

많이 편찮으셨을 때인데도 제가 아픈 것을 몹시 안타까워하셨습니다.

그 안타까움을 통해 그분이 저를 얼마나 사랑하시는지 더욱 확실해졌습니다.

힘들 때야말로 거짓 친구와 참친구가 극명하게 드러나는 때입니다.

저는 제게 주신 여러 장점보다 이 약함을 통해

저를 조형하시고 이끌어 주시는 주님의 배려에 감사드립니다.

병은 제 탓으로 생긴 것이지만 주님은 그것마저 구원의 재료로 삼으신 것입니다.
신앙으로 받으면 모든 것이 은총입니다.

그동안 병약한 제가 못한 것은 하나도 없습니다.
강의를 꾸준히 성실하게 하였고, 성서학교 운영도 잘하였고,
무엇보다 힘든 해외 성지 순례를 아홉 차례나 다녀왔으니, 기적입니다.
모든 것을 하면서도 제가 아니라 제 안의 주님께서 하셨음을 알고 있으니
이보다 더 좋고 감사할 수가 없습니다.

공간 문제는 2015년 5월 6일에 베네딕도 교육관 입주로 해결되었으니
15년 만에 꿈에도 그리던 공간이 주어진 것입니다.
처음 건축을 위해 기공식을 할 때는 이루 말할 수 없이 기뻤으나
동네 사람들의 거친 반대로 기공식은 그야말로 삽질로 끝났고,
몇 년 뒤의 두 번째 기공식에서는,
공간을 주시면 좋고 안 주셔서도 감사하다는 기도를 하며
혹시 모를 사태에 대비하여 첫 기공식에서 받았던 충격을 완화하기 위한

마음의 완충 지역을 미리 확보하기도 하였습니다.

서울성모병원에서 제 주치의이신
신장내과 양철우 선생님을 만난 것도 축복입니다.
20년 가까운 세월, 해마다 네댓 번씩 만났으니, 지금까지 백 번을 만난 인연입니다.
의사와 환자의 만남이지만 때론 오랜 지인을 만난 느낌이 들기도 합니다.
진료 시간은 고작 3~4분이지만 정성과 친절을 다하시니 감사드립니다.
그동안 적극적으로 감사를 표현하지는 않았지만
이 자리를 빌려 늘 고마운 분으로 여기고 있음을 말씀드리고 싶습니다.

발병 초기에 병을 고쳐 볼 요량으로
일곱 달이나 생식원을 다니다가 더 악화되었을 때,
다시 선생님을 찾는 일은 참으로 부끄럽고 창피하고 민망했습니다.
그런 제게 하신 선생님의 명언은,
"의사가 환자를 선택하는 것이 아니라 환자가 의사를 선택합니다."였습니다.
환자인 제가 선택한 의사 선생님을 신뢰하고 협조하지 않는다면 건강을 지킬 방법은 없는 것이지요.

그때부터 저는 건강에 관한 문제는 뭐든 먼저 선생님의 조언을 구하며

선생님에 대한 큰 신뢰로 따르고 있습니다.

예리코의 선글라스

성지 순례 중 예리코의 화장실에서 있었던 에피소드입니다.

작열하는 태양 아래 있다가 화장실에 가서 그런지 너무나 어두웠습니다.

혼잣말로 "왜 이렇게 어둡지?" 하고 중얼거렸더니

옆 자매님이 "수녀님이 선글라스를 쓰셨네요." 하여 한참을 웃은 적이 있습니다.

선글라스를 썼으니 당연히 어두울 수밖에 없는데

전등이 어둡다고 말한 것입니다.

이 일은 두고두고 저를 깨우치는 에피소드입니다.

검은색 안경을 쓰면, 당연히 보이는 모든 것이 검게 보입니다.

자신이 쓴 안경만 벗으면 모든 것이 잘 보일 텐데,

우리는 흔히 '내 탓'이 아니라 '네 탓'을 하는 경우가 많습니다.

"사람 밖에서 사람 안으로 들어가 그를 더럽힐 수 있는 것이란

아무것도 없습니다.

도리어 사람에게서 나오는 것이야말로 사람을 더럽히는 것입니다."(마르 7,15)

이 말씀은 더러운 손으로 음식을 먹은 제자들을 비난하는

바리사이와 율법학자들에게 하신 예수님의 말씀입니다.

설령 음식이 탈을 일으킨다 해도 그것은 배탈일 뿐입니다.

정작 사람을 더럽히는 것은 더러운 손이 아니라 더러운 마음입니다.

"하느님이 깨끗하게 하신 것을 너는 속되다고 하지 말라."(사도 11,9)

"무엇이든지 그 자체로서 부정한 것은 없다는 것입니다.

어떤 것이 부정하다고 생각하는 이가 있다면

그에게는 그것이 부정합니다."(로마 14,14)

다소 예민하고 까칠한 성격인 저는 못마땅한 것이 잘도 보였습니다.

그러나 못마땅한 이유가 저의 관점에 있지, 상대에게 있는 것이 아니었습니다.

"사랑하면 곰보도 보조개로 보이고, 미워하면 보조개도 흉터로 보인다."고 합니다.
그렇습니다. 그래서 자신의 마음의 눈을 바꾸면 모든 것을 잘 볼 수 있습니다.
마음을 바꾸는 것, 그것이 바로 회심, 메타노이아(metanoia)입니다.
회심은 나와 너의 눈이 아니라 하느님의 눈으로 보는 것입니다.

마르 7,15 말씀은 저를 더럽히는 것은 밖의 것이 아니라
안에 있는 것이라는 깊은 깨달음을 준 해방의 말씀으로
걸림돌 앞에 선 저를 회심시켜
걸림돌을 디딤돌로 생각하는 지혜와 힘을 준 말씀입니다.
제게 마르코 복음의 말씀을 더욱 견고케 한 것은
소크라테스의 **"네 자신을 알라."**와 원효의 **"일체유심조(一切唯心造)"**입니다.
아, 예수님은 물론이고 소크라테스와 원효대사까지 합심하여
제 마음을 넓히고 깨끗하게 하려 협력합니다.

일례로, 사울 왕이 다윗을 원수로 삼고 그를 죽이려고 추적한 것도
다윗이 원수라서가 아니라 다윗을 원수로 삼은 사울의 시기심 때문이었습니다.

사울이 정작 죽여야 했던 것은

자기 마음속의 시기심이지 무고한 다윗이 아니었습니다.

그런 사울을 대하는 다윗의 태도는 참으로 훌륭합니다.

사울은 다윗을 원수로 여겼지만, 다윗은 사울을 원수로 여기지 않았습니다.

원수란 없습니다. 다만 원수 삼는 사람이 있을 뿐입니다.

제가 진복팔단 중에 가장 좋아하고 마음에 새긴 말씀이

"복되어라, 마음이 깨끗한 사람들!

그들은 하느님을 뵙게 되리니."(마태 5,8)입니다.

그렇습니다. 마음이 깨끗한 사람은

모든 것 안에서 하느님을 보는 행복을 누립니다.

설령 더러운 사람이 있어도

그가 더럽게 된 이유를 이해하려는 측은지심이 생깁니다.

밖의 것들은 마음이 깨끗한 사람을 더럽힐 수 없습니다.

이 진실을 알면 진정으로 '내 탓'을 고백하며 평화롭게 살아갈 수 있습니다.

우리 모두 '네 탓'의 지옥에서 벗어나

'내 탓'의 내적 평화를 누리도록 부르심을 받았습니다.

자신의 마음을 다스리는 이는 세상을 정복한 자보다 위대하다고 합니다.

자신이 쓴 선글라스를 벗고, 있는 그대로 밝고 맑은 세상을 바라보며 살아갑시다.

마음이 온유하고 겸손하신 "그리스도는 우리의 평화"(에페 2,14)이십니다.

예수님께서는 제자들을 파견하시며

방문하는 집에 평화를 빌어 주라고 하셨습니다.

이스라엘 백성의 인사말이 샬롬(Shalom)이고,

부활하신 예수님의 인사말이 샬롬(Shalom)인 것은 의미심장합니다.

마음이 깨끗한 사람만이 다른 이들에게 진정한 평화를 빌어 줄 수 있습니다.

평화는 마음이 깨끗한 사람들의 생각과 말과 행동의 열매이기 때문입니다.

거룻배 한 척의 거리

예수님께서는 당신께 밀려드는 군중과 당신 사이에

거룻배 한 척을 마련하라고 제자들에게 이르신 후, 사람들을 가르치셨습니다.

이는 당신을 보려는 일념으로 한꺼번에 밀려드는

군중과 당신 자신을 보호하기 위한 조치였습니다.

저는 예수님께서 이 조치를 통해

인간관계의 건강한 거리를 가르치신 것이라 생각합니다.

단지 물리적인 거리뿐만 아니라 정신적이고 영적인 거리까지도.

우리는 누군가를 좋아하고 사랑하게 되면

그를 소유하고 싶어 하고, 그에게 소유당하고 싶어 합니다.

그것을 당연하게 여기고 사랑이라 여기지만

그것은 사랑이 아닌 집착이고 소유일 뿐입니다.

동성 간의 우정도 그렇지만 특히 이성과의 우정에는 이 거리가 필수입니다.

남녀는 본성적으로 이성에 대한 매력을 느끼기 때문에

이 거리를 유지하지 않으면 그렇고 그런 식상한 관계에 빠질 수도 있습니다.

제게는 44년 된 곰삭은 신부님 친구가 있습니다.

아무리 사제와 수녀라 하더라도

40년 넘는 세월을 좋은 친구로 지낼 수 있었던 것은

서로가 자신과 상대를 지키려는

존중과 배려가 담긴 거룩한 거리 없이는 불가능합니다.

이 거리는 너무 가까워서 붙잡을 수 있는 거리도 아니고,

너무 멀어서 소원해지는 거리도 아닙니다.

거룻배 한 척의 거리는

존중의 거리, 경청의 거리, 그리움의 거리, 기도의 거리입니다.

일 년에 한두 번 만나도 늘 만난 사이 같고, 멀리 있어도 가까운 사이입니다.
우정과 신의가 시간과 공간의 거리를 지켜 줍니다.

제 입회 동기인 친구는 오랜 세월 한결같은 우정을 나눈 귀한 친구입니다.
그 친구가 은경축 전에 수녀원을 떠난 후,
저는 마치 날개 잃은 새와 같은 심정이었습니다.
싱싱한 20대에 순수 그대로 만나
미운 정 고운 정 나누며 오랜 세월 다져진 우정은
무엇과도 비길 수 없이 소중했는데, 그런 친구가 퇴회한 것입니다.
뭐든 이야기할 수 있고 뭐든 공감할 수 있는 친구가 떠난 것입니다.
하지만 삶의 형태가 다르다고 해서 수녀원 밖과 안이
우리의 우정을 갈라놓을 수는 없습니다.
"성실한 친구는 생명의 신비한 약"(집회 6,16)임을 알기에
친구와 저의 물리적 거리를 마음으로 잇고 있습니다.

왜 어떤 사람에게 더 마음이 끌리는지 알 수 없습니다.

왜 어떤 사람에게 더 싫은 마음이 드는지 알 수 없습니다.

왜 같은 사람에게 좋고 싫고의 감정이 일어나는지도 모르겠습니다.

저는 도무지 이유를 알지 못한 채
한동안 한 선배에게 지독한 미움을 받은 적이 있는데
같은 선배가 지금은 다정한 언니처럼 살갑습니다.
미움과 사랑이 선배의 마음에 있으니 저와는 무관한 일입니다.
누군가를 미워하는 것도 그의 선택이고, 좋아하는 것 역시 그의 선택입니다.
굳이 왜 그랬느냐고 물을 필요도 없습니다.
사람은 저마다 자기 마음결에 따라 사랑과 미움의 삶을 살아갑니다.
자기의 마음결이 아닌 예수님의 마음을 따라 사랑하는 사람은 한결같습니다.

나이가 들어가면서 사람 사귀는 것이 더 어려워집니다.
제가 바라는 친구는 한결같은 신의를 지키는 사람입니다.
이런 친구는 하늘에서 떨어지는 것도 아니고 가게에서 살 수 있는 것도 아닙니다.
친구는 좋은 포도주처럼 오랜 시간의 숙성 기간이 필요합니다.

가끔 사람에게 실망하기도 하고, 저 또한 다른 이에게 실망을 주기도 하겠지요.
그러나 사람에 대한 실망은 저를 '친구'로 부르신 주님으로 위로를 받습니다.
주님께서 저를 친구로 삼아 주신 것은 제가 친구가 될 만한 사람이어서가 아니라
그분이 있는 그대로 저를 사랑하시어 친구로 삼아 주셨기에 가능합니다.
인간관계는 어쩔 수 없이 주고받는 관계이지만
주님과의 관계는 무상으로 주신 은총과 사랑의 관계가 기초입니다.
당신처럼 사람들을 대하라고 보여 주신 모범인데 제게는 아직도 요원합니다.

거룻배 한 척의 거리는 가뜩이나 냉정하게 보이는 저를 더욱 그리 보이게 하지만
가까운 사람들은 그 안에 담긴 속 깊은 정을 알고 있으니, 괜찮습니다.
겉이 차가워 보여도 안이 따뜻하면 그것으로 좋으니 이 또한 만족합니다.

독신자인 제게 거룻배 한 척의 거리를 깨닫게 해 주신 까닭이 있을 것입니다.
제가 누구도 소유할 수 없고, 누구에게도 소유되어서는 안 되는 당신의 정배이며
또한 그 거리에 당신의 자애와 진실을 수놓으며
자유롭게 사랑하며 살아가기를 원하시기 때문일 것입니다.

자유가 없는 사랑은 이미 사랑이 아니기 때문입니다.

당당한 겸손

"야훼 하느님께서 진흙으로 사람을 빚어 만드시고

코에 입김을 불어넣으시니, 사람이 되어 숨을 쉬었다."(창세 2,7)

하느님은 이렇게 당신의 모습으로 사람을 창조하셨습니다.

히브리어는 흙, 아다마(adamah)로 빚은 인간을 아담(Adam)이라 부르고,

라틴어 역시 흙, 후무스(humus)로 빚어진 인간을 호모(Homo)라 부릅니다.

하느님에 의해 흙으로 빚어진 인간이 생명체가 된 것은

그 흙 안에 하느님의 숨, 루아(ruah)가 불어넣어졌기 때문입니다.

흙만 보면, 인간은 비천하기 짝이 없는 존재이고,

하느님의 숨을 보면, 인간은 존귀하기 짝이 없는 존재입니다.

인간은 그 안에 이처럼 비천함과 존귀함을 다 담고 있는 하느님의 모상입니다.

자신의 이 두 가지 요소를 아는 것이 겸손, 후밀리타스(humilitas)이며

이 두 가지를 다 알고 받아들이는 것이 '당당한 겸손'입니다.

우리는 흔히 자신을 낮추는 것을 겸손이라 생각합니다.

그러나 자기 자신을 모르면서 무작정 낮추는 것은 심각한 질병입니다.

자신이 흙이지만 하느님의 숨이 담긴 생명임을 아는 것이 겸손입니다.

따라서 겸손은 무조건 낮추는 것이 아니라 자기 존재의 진실을 아는 것입니다.

스러질 흙의 요소와 영원할 숨의 요소를 다 아는 진실이야말로

당당한 겸손입니다.

"너는 들어라, 자존심을 가지되 겸손하고

네 자신을 평가하되 정당하게 하여라."(집회 10,28)

자신을 올바로 알고 행동하는 것이 바로 당당한 겸손입니다.

이처럼 당당한 겸손은 자신을 치켜세울 필요도 없고, 낮출 필요도 없습니다.

치켜세우는 것이 + 교만이라면 낮추는 자기 비하는 – 교만입니다.

둘 다 병든 모습이고, 이런 사람일수록 사람들의 인정에 목을 맵니다.

그저 있는 그대로 자신을 받아들이고 이해하고 사랑하면 됩니다.

남들이 예쁘다고 해서 예뻐지는 것도 아니고,

남들이 밉다고 해서 미워지는 것도 아닙니다.

나는 남들의 평가에 상관없이 그저 나일 뿐입니다.

그런 자신의 진실을 받아들이는 것이 당당한 겸손입니다.

당당한 겸손의 사람으로는 세례자 요한을 따를 사람이 없습니다.

모두가 그를 그리스도라 여길 때,

그는 자신은 주님의 신발 끈을 풀어 드릴 자격조차 없다고 말한

자신을 아는 솔직하고 진실한 사람으로,

더욱더 주님의 영광과 자신의 겸손을 구한 위대한 예언자입니다.

"그분은 커져야 하고 나는 작아져야 합니다."(요한 3,30)

예수님께서 왜 그를 여자에게서 태어난 이들 가운데 가장 큰 인물이라 하셨는지

당당한 겸손으로 점철된 그의 삶을 보면 알 수 있습니다.

3분 스피치와 식탁 친교

성서학교에서 나름 정성을 다해 강의한 저는 그 결과가 자못 궁금하였습니다.

필기시험을 보자니 부담을 느껴 다 도망갈 것이고,

구두시험을 보자니 제 건강이 허락하지 않을 것이었습니다.

오랜 고심 중에 기도하던 제게 떠오른 아이디어가 바로 '3분 스피치'입니다.

저는 이 아이디어가 성령께서 알려 주신 지혜임을 믿어 의심치 않습니다.

학기 종강마다 가장 다가온 말씀과 그 말씀이 다가온 이유를

3분 동안 스피치로 나누는 것입니다.

이상적인 삼독(三讀)은 본문과 저자 그리고 자기 자신을 읽는 것이라는데

3분 스피치는 바로 세 번째 부분인 자기 자신을 읽는 것입니다.
본문과 저자를 아무리 잘 읽어도 자기 자신을 읽지 못한다면
독서는 그저 지적 놀이에 불과할 것입니다.

그동안 주로 듣기에 길들여진 가톨릭 신자인 학생들의 반응은 거칠었습니다.
스피치를 하는 교단의 자리가 고문하는 전기의자라는 둥 야단들이었습니다.
그러나 일단 확신이 서면 물불을 안 가리는 저를 누구도 막을 수는 없었고,
그 결과는 예상했던 것보다 훨씬 은혜롭고 감동적이었습니다.

학생들은 마음에 다가온 하느님의 말씀으로
자기 인생을 비추어 보는 작업을 통해
그때까지 미처 깨닫지 못했던 하느님의 은총과 섭리를 깨달아 갔습니다.
교단 마이크 앞에 앉은 학생들은 하나같이 훌륭한 신앙인이었고 교사였습니다.
학생들은 3분 스피치를 준비하며 그동안 어렴풋했던 이해가 명료해짐에 따라
있는 그대로 자기 자신이 하느님께 사랑받는 소중한 사람이고
자기 인생이 하느님의 작품인 구원 역사임을 고백하며

더듬어 찾던 하느님을 만난 감격과 감사를 고백하였습니다.

한 사람이 하느님을 찾아가는 모습보다 더 아름다운 모습은 없을 것입니다.

물론 학생마다 정도의 차이는 있으나 저마다 진솔하게 자신의 인생을 해석하는

놀라운 믿음의 센스로 흐트러진 것을 정돈하고,

넘어진 것을 바로 세우는 작업을 하며

감격과 감사의 눈물을 흘렸고,

듣는 사람들도 이심전심 경청하며 눈물을 흘렸습니다.

베네딕도 성서학교의 아주 좋은 전통이 바로 3분 스피치입니다.

수다나 신세 한탄이나 뒷담화가 아닌 신앙 고백으로 자신의 삶을 나눈 학생들은

서로 깊은 경청과 공감, 이해와 사랑으로 우정을 나누었습니다.

그 우정은 학년이 올라갈수록,

3분 스피치가 쌓여 갈수록 더욱 진해지고 깊어졌습니다.

제게는 서로 우정을 나누는 학생들의 모습 또한 고맙고 아름다운 선물입니다.

학생들은 저마다 주변에 친구와 지인이 있는 분들이지만

이렇게 신앙으로 진솔하게 만난
성서학교 친구들이 선물로 깊이 각인되어 갔습니다.
그 우정은 4년 동안 탄탄해졌고,
졸업 후에는 헤세드(Hesed)로 끝까지 함께했습니다.
살아가면서 좋은 친구를 만나는 것보다 더 큰 선물이 있을까요?
그렇게 학생들은 하느님과 자신과 이웃에 대한 이해와 사랑으로
아름답게 성장하였습니다.

우리는 학기마다 3분 스피치와 종강 식탁 친교,
그리고 2학기에는 이 모든 것과 함께 성탄 축제로
미리 성탄을 축하하고 즐깁니다.
반에서 준비한 노래나 춤을 공연하고, 선물을 교환하며
아기 예수님 오심을 경축합니다.
집에서는 엄마요 할머니인 30~70대까지의 학생들은
처음에는 어색해하고 난감해하였지만,
이제는 아주 적극적으로 성탄 축제를 즐깁니다.

아무리 짧아도 한 달은 모여 연습을 해야 하니
서로 의견을 모아 조정하고, 연습하고, 식사하는 시간이 필요합니다.
제가 목적한 것은 단지 축제의 기쁨만이 아니라
축제를 준비하는 과정을 함께 공유하며
서로를 깊이 이해하고 사랑하는 것입니다.

종강마다 각자가 정성껏 준비해 온 음식을 나누며
모두 함께 식사하는 것도 큰 즐거움 중 하나입니다.
이렇게 저의 꿈은
스피치와 식탁 친교와 축제를 통해 하나씩 현실이 되어 갔습니다.
학생들은 친교와 나눔으로 하나가 되어 기쁨을 나누었습니다.
4년 과정을 마무리 짓는 4학년은 1박 2일 졸업 여행을 통해
그동안 쌓이고 쌓인 친교와 우정을 확인하며
졸업 후에 있을 헤세드 모임을 다짐하고 기약하기도 합니다.
"이다지도 좋을까, 이렇게 즐거울까! 형제들 모두 모여 한데 사는 일!"(시편 133,1)

성서학교는 하느님이 사랑이심을 배우는 것으로 끝나지 않고

우리를 사랑하시는 사랑이신 하느님을 진하게 체험하는

축복의 학교이기도 합니다.

헤세드

4년 과정의 성서학교를 졸업하면

원하는 졸업생들은 매달 한 번, 한 해 동안

저와 함께 『기도의 오솔길』을 공부하며 기도를 배우고 익힌 다음에

렉시오 디비나(Lectio Divina) 교육과 실습을 받은 후에

독립하여 기수별로 매달 한 번씩 헤세드 모임을 하며

말씀과 삶을 나누고, 말씀에 따라 살아온 지난 한 달을 점검하고,

새로운 한 달을 계획하는 은혜로운 만남을 가집니다.

제가 성서 사도직을 하면서 잘한 것 두 가지를 꼽으라면

주저 없이 재학생 시절의 3분 스피치와 졸업 후의 헤세드 모임을 꼽습니다.

이 두 가지는 마치 집을 짓는 것과 같아

3분 스피치로 기초를 놓고 그 위에 헤세드라는 멋진 집을 짓는 것입니다.

자신의 삶을 해석하고 나누는 여러 차례의 3분 스피치를 통해

서로를 깊이 이해하고 공감하고 격려하는 우정이 기초가 되어

그 위에 헤세드라는 멋진 집을 지은 것입니다.

재학생 시절에는 일주일에 한 번 만나기에

친형제보다 더 자주 만나 마음속 이야기들을 털어놓고,

그렇게 차곡차곡 다져진 우정 위에 헤세드 모임을 하는 것은

그야말로 **"생명의 신비한 약"**(집회 6,16)인 우정의 모임입니다.

부모에게 우애 있고 화목한 자녀들을 바라보는 것이 최고의 행복이듯이

제게는 서로 깊이 우정을 나누며 함께 걸어가는 헤세드가

너무나도 고맙고 자랑스럽습니다.

헤세드(Hesed)는 하느님의 성품인

자애, 연민, 충실, 은총 등을 드러내는 단어입니다.

한마디로 번역이 불가한 풍부한 의미를 가진 단어입니다.

제가 졸업생들을 헤세드라 부른 것은 저의 꿈이 담긴 명칭입니다.

4년 동안 애지중지 돌본 학생들이 세상에 나가 하느님의 헤세드가 되는 것,

그것이 졸업생들에 대한 저의 소박하고도 원대한 꿈입니다.

이 꿈은 혼자서 이루기에는 벅찰 수도 있기에

서로 힘을 합쳐 가꾸어야 튼실한 나무처럼 성장할 것입니다.

헤세드 모임에는 주님께서 늘 함께 계시며

말씀으로 그들을 격려하시고 그들의 나눔에 귀를 기울이시며 축복하십니다.

"둘이나 셋이 내 이름으로 모여 있는 거기 그들 가운데 나도 있습니다."(마태 18,20)

각 헤세드의 모임은 성서학교 카페에 보고하여 모두와 공유합니다.

달마다 헤세드 모임의 나눔과 사진을 들여다보는 재미와 보람이 쏠쏠합니다.

혼자서는 어려운 일이라도 서로 머리를 맞대면 기쁘게 할 수 있습니다.

그것이 사람 사는 맛이며 관계의 풍미입니다.

이 관계는 하느님과 자기 자신과 이웃과 그리고 자연까지를 포함하는 관계입니다.

모임을 통해 졸업생들이 하느님의 마음에 드는 헤세드가 되기를 축복합니다.

엄마, 어머니, 나의 어머니

2011년 6월 29일에 우리 어머니 조안나(1908~2011) 님은 하늘로 돌아가셨습니다.

어머니의 일생은 그야말로 다사다난하였습니다.

47세에 칠 남매를 둔 과부가 되셨으니

어머니의 말씀처럼 당신의 고생은 하늘만이 아십니다.

지금처럼 여성이 직업 전선에 뛰어들던 시대도 아니었기에

어머니는 하늘만 아시는 고생을 하시면서 저희를 키우셨습니다.

어머니는 무학(無學)이십니다.

외삼촌은 일본 유학까지 보낸 외갓집이었지만

딸이었기에, 학교 근처에도 가 보지 못하셨는데
다행히 나이 차이가 많은 여동생이 소학교를 다녔기에
동생 어깨 너머로 겨우 언문을 깨치셨다고 합니다.

어머니는 서민 중의 서민으로 역사의 굴곡을 다 겪으셨으니,
일제 강점기, 8.15 광복, 6.25 전쟁,
4.19 혁명, 5.16 군사정변, 5.18 민주화운동 등을
고스란히 다 겪으시면서 고난의 삶을 사셨습니다.
6.25 전쟁 중에는 외삼촌이 살해당했고,
아버지가 죽을 뻔한 일도 있었다고 합니다.

고향의 어르신들은 하나같이 법 없이도 살 양반이라며 어머니를 칭송하였습니다.
제가 하느님께 감사하는 것 중 하나가 어머니의 딸로 태어난 것입니다.
어린 저에게도 어머니는 참 아름다우셨고 인정이 많으셨습니다.
그 가난한 시절에도 거지가 오면 빈손으로 보내지 않으셨고,
우리 먹을 것도 넉넉하지 않았는데 조금이라도 나누셨습니다.

6.25 전쟁으로 거지가 된 남자아이 둘을

농사도 많지 않은 집에 머슴으로 들였으니,

대책 없는 어머니의 연민 때문이었습니다.

지금까지 살아오면서 저는 어머니가

누구를 원망하거나 험담하는 것을 들어 본 적이 없습니다.

가슴 아프고 억울한 일이 참 많았을 텐데도 그러하셨습니다.

딸 여섯 가운데 어머니의 인물과 인품을 따라갈 사람이 없습니다.

저는 비록 물질적으로는 가난한 환경에서 자라났지만

어머니의 인품과 넘치는 사랑을 받으며 정신적으로는 풍요롭게 자라났습니다.

내놓을 것도 없는 제가 당당한 성품과 태도로 살아가는 것은

전적으로 어머니의 가없는 사랑을 받으며 자랐기 때문입니다.

어머니는 당신을 따라 성당에서 세례를 받은 저를 기특하게 여기셨으나

제가 수녀원 가는 것은 극구 반대하셨습니다.

몸이 약한 응석받이라 고생이 많을 것이라 생각하시고, 반대하셨던 것입니다.

그러셨던 어머니가 나중에는 수녀인 저를 무척이나 자랑스럽게 여기시며
"내 속에서 어찌 이런 딸이 나왔을꼬!" 하시며 감격해하시곤 하셨습니다.
어머니에게 저는 아주 특별한 딸이었습니다.
저만 나타나면 다른 딸들은 보이지 않는 듯 행동하셨기에
언니들은 "수녀만 오면 우린 의붓딸이야." 하며 웃곤 하였습니다.

어머니는 말년에 10년 넘게 요양원에 계셨습니다.
저는 가끔 요양원을 방문하였지만,
어머니의 그리움에 비하면 턱없이 모자랐습니다.
노환이 깊어지자 어머니는 가족들을 알아보지 못하셨지만
신기하게도 가끔 가는 저만은 알아보셨습니다.
"아이고, 우리 수녀 왔네. 밥은 먹었능가?"가 어머니의 인사말이었습니다.

2011년 6월 29일, 성 베드로와 성 바오로 대축일에 어머니는 귀천하셨습니다.
전날 밤에 병원으로 달려간 저를 염려한 언니들의 성화로
수녀원에 돌아와 잤는데,

바로 다음 날 새벽에 어머니는 떠나가셨습니다.

가장 사랑받던 저는 어머니의 임종도 지키지 못한 불효녀가 되고 말았습니다.

어머니의 귀천을 지인들에게는 알리지 않았습니다.

바쁜 분들에게 괜히 심려를 끼치고 싶지 않았기 때문입니다.

그런데 알리지도 않았는데 어떻게 알고 왔는지

평소에 저를 이모라고 부르는 신부님이 장례미사에 오셔서

본당 신부님과 함께 미사를 봉헌하시고,

미사 후에는 "여기 누워 계시는 할머니는 저의 할머니이십니다.

할머니의 따님인 수녀님이 저의 이모이기 때문입니다."라고

인사말까지 하였습니다.

그 순간에 저는 결심하고 또 결심하였습니다.

"그래, 고맙다. 영석아, 죽을 때까지 이 고마움을 갚으리라."

가장 슬프고 힘들 때 손을 내밀어 준 사람이 진짜입니다.

20명이 넘는 조카 부자인 제게 이영석 신부는 조카가 되어

우리 조카들보다 더 다정하게 저를 이모라 부르며 지내고 있습니다.

어머니는 가시면서 제게 참으로 다정한 조카 신부님을 주고 가신 것입니다.

어머니의 기도와 신앙을 잘 알고 있는 저는
어머니가 하늘나라에 계심을 믿어 의심치 않습니다.
어머니는 천사들의 환영을 받으며 하늘나라에 들어가시어
100년 넘게 살아오신 삶의 이야기를 주님께 아뢰며
감사와 찬미 속에 영원한 안식을 누리실 것입니다.

참, 어머니는 천수를 누리셨는데, 제가 생각한 장수의 비결은 이렇습니다.
첫 번째는,
어머니는 없는 살림에 자식들에게 하나라도 더 먹이시려고 소식하셨는데
그것이 일생토록 좋은 습관이 되셨습니다.
어머니는 한 번 수저를 놓으시면
천하의 진미에도 다시 수저를 들지 않으셨습니다.
두 번째는,
어머니는 인정이 많으셔서 가난한 가운데서도 많은 것을 베푸셨습니다.

소식(小食)과 자비가 어머니의 장수 비결입니다.

사람들은 어머니가 104세에 가셨으니 저도 장수할 것이라고 말합니다.

그러나 저는 어머니처럼 희생으로 소식도 하지 않았고,

어머니처럼 가난한 이들에게 베풀지도 못하였기에, 그저 웃기만 합니다.

그렇지만 제 안에 있는 남다른 연민은 엄마의 DNA가 틀림없습니다.

'엄마, 어머니,

제 엄마가 되어 주시고 저를 사랑으로 길러 주셔서 감사합니다.

엄마는 하느님이 제게 보내 주신 수호천사이셨습니다.

엄마, 주님 안에 평안히 쉬십시오. 감사합니다. 사랑합니다.'

총각 엄마 김태훈

불가에는 옷깃만 스쳐도 인연이라는 말이 있습니다.

그러고 보면, 지금까지 제가 만난 사람들은 모두 우연히 만난 사람이 아니고

주님의 섭리로 필연적으로 만난 사람들입니다.

가족, 친구, 지인, 공동체 등등 모두가 꼭 만나야 할 사람들이었습니다.

제가 어렸을 적부터 어머니에게서 들은 말씀은

"아가, 너는 인복이 있어야." 였습니다.

어린 저는 그 인복이란 것이 사과나 배처럼

먹는 것이면 좋겠다고 생각한 적도 있었습니다.

그렇게 인복이 많은 저는 지금까지 참으로 좋은 분들을 만나며 살아왔습니다.

밖에서는 수도 생활을 꿈처럼 생각할 수도 있겠으나 수도 생활은 현실입니다.
수녀원 안에도 인간관계의 갈등과 시련과 고통은 피할 수 없는
인간의 조건이기도 합니다.
수도자는 천사가 아니라 천사의 도움을 받으며 살아가는 약한 인생들입니다.
성서학교 공간 문제로 스트레스가 쌓여 병이 생겼을 때
저는 한동안 저를 병들게 한 사람을 원망하기도 하였지만,
설령 누군가가 몹시 괴롭혔다 하더라도 그 괴로움을 감당할 수 있는
내공이 있었다면 문제가 없었을 텐데,
제게는 그럴 생각도 그럴 힘도 없었던 것입니다.

건강했던 사람이 병원에 다니는 환자가 되면 팔랑귀가 됩니다.
좋다는 것은 다 해 보고 싶고, 그것만 하면 나으리라고 기대합니다.
그런 기대로 저는 정릉 골짜기로 발 마사지를 받으러 다녔습니다.
일주일에 한 번 가는 그 집 2층에는 애들이 많은지 늘 떠들썩하였습니다.

갈 때마다 2층 아이들에 대한 소식을 듣게 되었는데,

한국 청년이 탈북 청소년들을 돌보는 집이라는 것을 알게 되었습니다.

그렇게 몇 달을 치료해 주는 자매님을 통해 2층 사정을 탐문하고 나서

아이들을 돌보는 청년을 불러 만났습니다.

그 청년이 바로 김태훈 제랄드인데

2006년부터 아이들을 돌보며 살아가고 있었고,

아이들을 잘 돌보기 위해 다니던 직장에 사표를 냈기에 뚜렷한 수입도 없었고,

그룹홈 인가를 받기 전이라 경제적으로도 힘들어 보였습니다.

주인이 무상으로 빌려 준 그 집이 무허가 집인 줄도 모르고

김태훈은 퇴직금으로 2층에 방 두 개를 만들어 지냈던 것입니다.

저는 김태훈과 함께 무작정 성북구청장을 만나러 가서

그룹홈 인가를 요청하였습니다.

인가를 내주고 싶으나 지금 사는 집이 무허가 건물이라

어쩔 수 없다고 말하는 구청장에게 저는 지금은 애들이 애물단지이지만

반드시 성북구의 보물단지가 될 것이라고 말했습니다.

어느 날 치료를 끝내고 돌아오는 길에 저는 뜬금없는 제안을 하였습니다.

그것은 예언도 아니고, 방언도 아니고, 성급한 연민이었습니다.

글쎄 30만 원도 없는 제가 3,000만 원 전셋집을 구해 보라고 말한 것입니다.

제 정신이 든 저는 대책 없는 저의 제안에 기가 막혔습니다.

말은 이미 입 밖으로 나갔고. 평소 허튼소리를 안 하는 제가 무엇에 씌었을까요?

태훈이는 다녀 본 결과,

그 돈으로는 다섯 명이 살 집을 구할 수 없다고 하였습니다.

그러던 차에, 참으로 절묘하게도

우리 학생 한 분이 1,000만 원이 넘는 적금을 좋은 데 써 달라고 희사하였습니다.

저는 그것을 하느님의 제안이라 믿고 성서학교에서 모금을 시작하였습니다.

한 달도 안 되어 6,000만 원 넘게 많은 돈이 모였습니다.

저는 너무 놀라 1억이 되기 전에 모금을 마감하고,

1억 전셋집을 6,000만 원 반월세로 계약을 하였습니다.

오래전부터 알던 지인이 레지오 단원들과 함께 무상으로 집도 수리해 주었습니다.

그야말로 모든 이가 김태훈을 돕기 위해 기다리던 사람들처럼 나선 것입니다.

그리고 2009년에 드디어 성북구청에서 그룹홈 인가를 받았습니다.

모금액 중 남은 돈은

용산 사태의 피해자를 위한 성금과 우간다 선교지로 보냈습니다.

그렇게 만난 김태훈은

그때나 지금이나 한결같이 아이들을 돌보며 살아가고 있습니다.

다음 글은 2014년 아이들 전시회에 제가 했던 김태훈의 삶이 담긴 인사말입니다.

"사람은 이야기입니다. 사람마다 그만의 특별한 이야기가 있어 그 모든 이야기가 모여서 역사가 됩니다. 여기 삼촌 김태훈과 함께 살아가는 탈북 청소년 아홉 명의 아이들이 저마다 자기 이야기를 풀어놓았습니다. 이야기는 공감하며 들어 주는 사람이 있으면 치유가 되고, 함께 살아 주는 사람이 있으면 구원이 됩니다. 한 사람이 다른 사람에게 모든 것이 되어 주기는 참 어렵습니다. '우리들 이야기'에는 아이들에게 밥이 되고, 옷이 되고, 집이 된 사람의 이야기가 있습니다. 그 사람의 생각은 연민이고,

그의 말은 치유이고, 그의 행동은 사랑인 사람의 아름다운 이야기에 귀 기울여 주십시오."

자기가 낳은 아이도 버리는 각박한 세상에서

장가도 안 간 총각 김태훈은 아이들에게 아빠와 엄마, 삼촌과 이모가 되고,

밥과 옷과 집이 되어 아이들을 돌보며 한결같이 기쁘게 살아갑니다.

제 주변에 가장 예수님을 닮은 사람을 꼽으라면

저는 주저 없이 김태훈을 꼽습니다.

그는 제게 예수 마음을 삶으로 보여 주는 '예마 김태훈'입니다.

수도서원은 제가 했지만

서원의 본질인 사랑을 더 아름답게 사는 사람은 김태훈입니다.

저는 그저 김태훈을 격려하고 응원하고 감탄하며 함께 걸어갑니다.

이런 김태훈을 만나게 해 주신 주님께 감사드립니다.

김태훈과 저는 유별나게 인복이 많습니다.

저는 인복이 있어 김태훈을 만났고, 태훈이 역시 인복이 있어 저를 만났습니다.

태훈이는 독신자인 제게 하느님이 주신 아들이고 아이들은 손자가 됩니다.

2009년부터 시작한 총각 아빠네 김장은 지금까지 13년째 계속되고 있습니다.

저와 함께 정성과 사랑을 다해 기쁘게 맛있는 김장을 해 주신

우리 베네딕도 성서학교 졸업생 헤세드에게 감사를 드립니다.

총각네 김치가 맛있는 것은

헤세드의 정성과 사랑이 양념으로 듬뿍 들어갔기 때문입니다.

김태훈은 가만히 있어도 향기를 풍겨

2019년 국무총리에게서 상을 받았고, 영국 BBC 방송에 소개되었고,

기록 영화와 여러 방송국의 영상으로 알려지게 되었습니다.

그는 유명해서가 아니라 향기로워서 유명해졌습니다.

"그리스도의 향기"(2코린 2,15)인 사람 가까이 있으면 향기가 스며듭니다.

미대 오빠인 김태훈은 철원 외곽에 컨테이너 몇 개를 이용하여

참으로 멋진 레스토랑과 카페 '오픈 더 문'을 운영하고 있습니다.

열 명이 넘는 남자아이들이 무섭게 먹어 대고,

학원비와 병원비를 조금이라도 충당하기 위해 벌인 사업이라지만,

서울에서 아이들 양육하는 것만으로도 일이 차고 넘치는데

주말이면 철원을 오가는 그의 정성을 뭐라 말해야 할까요!

돌보던 아이들 중 청년이 된 김원일 미카엘을 셰프로,

한진범 라파엘을 바리스타로 양성하여 월급을 주어

어엿한 직장을 가진 멋진 청년으로 살아가게 운영하고 있습니다.

서울에서 멀지만, 이북에서 가까운 철원에서 개업한 것은

통일을 대비하여 아이들의 고향에 가까운 곳을 배려한 것입니다.

그곳은 철원의 맛집이 되어, 찾아가는 이들의 미각을 돋우는 곳이 되었습니다.

뭐든 주물럭거리면 기막힌 맛을 내는 손맛을 가진 김태훈입니다.

최근에 왜관 베네딕도 수도원에서도 김태훈 가정을 후원해 주셨습니다.

이 일 역시 모든 것이 서로 작용하여 이룬 선한 섭리의 결과입니다.

굳이 복을 쫓아가지 않아도 태훈에게는 복이 찾아옵니다.

향기로운 꽃을 찾아 나비가 날아오듯이….

제게 20년 넘게 베네딕도 성서학교를 맡겨 주신

하느님의 깊은 뜻이 있을 것입니다.

하느님의 백성에게 말씀을 선포하고 그 선포한 말씀을 살라는 뜻 외에

김태훈과 아이들을 정성과 사랑으로 돌보라는

주님의 은근하지만 확실한 뜻이 담겨 있음을 압니다.

그런 저를 지지해 주는 수도 공동체와 성서학교 졸업생들과 재학생들에게

마음 깊이 진심으로 감사드립니다.

제 가까이 살아 있는 '예마 김태훈'을 주신 주님께 감사드립니다.

아픈 손가락

지금까지 수도자로 살아오면서 참 많은 사람을 만났습니다.

그 많은 사람 중 유독 오래도록 마음에 남은 사람들은

저의 아픈 손가락이 된 사람들입니다.

본당과 성서학교에서 만나 저의 아픈 손가락이 된 이들은

이런저런 이유로 너무나 안타깝고, 안쓰러우면서도 장한 이들입니다.

이들을 생각하면 가슴이 아리고 아픕니다.

그렇다고 제가 큰 도움이 될 수도 없기에 하느님의 도우심을 기도하며

아픈 손가락을 호호 불며 아픔을 달래듯 그저 마음에 품고 호호 불곤 합니다.

강의 중에 파스카의 신비와 하느님의 선하신 섭리를 강조하지만
행여 아픈 손가락들에게 무심하게 들릴까 염려가 되기도 합니다.
다행히 신앙으로 모든 것을 받아들이며 용감하게 살아가는 모습에
안도하고 감사하면서도 가슴 한편에 짠한 마음은 지울 수가 없습니다.

철부지 남편을 보듬어 안고 인고의 세월을 묵묵히 견뎌온 R,
결혼과 동시에 내내 일과 가사를 병행하며 혼자서 경제를 책임진 G,
갑자기 높은 데서 낮은 데로 추락한 삶을 비관하지 않고 열심히 살아가는 M,
사고로 남편을 잃고 꿋꿋하게 살아가는 착하고 예쁘고 보기에도 아까운 E,
그 밖에도 이렇게 저렇게 안쓰러운 이들이 많습니다.
그리고 홀로 남한에 넘어온 총각 엄마네 아이들입니다.

눈물 젖은 빵을 먹어 보지 않은 사람은 인생을 모른다는 말은 명언입니다.
그럼 누가 눈물 젖은 빵을 먹을까요?
아마 스스로 원해서 젖은 빵을 먹는 사람은 없을 것입니다.
살다 보니, 눈물 젖은 빵을 먹고 있는 자신을 발견했을 따름일 것입니다.

잔인하게 들릴지도 모르지만, 고통은 신비입니다.

쓴 약이 몸에 좋듯이 고통은 우리를 정신 차리게 하는 기회입니다.

고통의 신비는 참으로 소중한 것이 무엇이며 사랑이 무엇인지를 알게 해 줍니다.

고통이 원석과 같은 사람을 깎고 윤을 내어

빛나는 보석으로 만든다고 생각합니다.

예수님의 신성이 십자가의 고통을 통해 찬연히 드러났듯이

보석과 같은 사람은 남다른 고통으로 연마된 사람입니다.

아, 십자가의 신비여!

딸 부잣집 막내딸인 저는 위로 언니가 다섯입니다.

그중 두 언니가 40세 전에 남편을 잃고

고생하며 조카들을 기른 것을 보아 왔기에

홀로된 여인의 고생과 슬픔과 외로움을 잘 알고 있습니다.

또 가난한 학생들을 돕는 것이 얼마나 시급하고 절실한 일인지도 잘 압니다.

제가 총각 엄마네 아이들에게 느끼는 마음은 한마디로 연민입니다.

아이들 중에는 부모 없이 홀로 남쪽으로 넘어온 아이들도 있습니다.

그 아이들에게 김태훈은 엄마이고 아빠이고 삼촌이고 형이고… 전부입니다.

그들은 자기들이 저의 아픈 손가락인 줄 모릅니다.

수도자인 저는 아픈 손가락을 위해 실질적이고 구체적인 도움을 줄 수는 없지만

그래도 가슴에 품고 호호 불어 주면,

그들은 하느님의 품에 안겨 살아감을 느낄 수 있을 것입니다.

제게 이런 마음이 생긴 것은

저 역시 우리 늙은 엄마에게 보기에도 아깝고 안쓰러운 아픈 손가락이었고,

또한 자비하신 하느님께서 호호 불어 주신 아픈 손가락이었기 때문입니다.

꼭 만나야 할 사람은

✦ LSY

요셉이 22년 만에 자신을 팔아넘긴 형들을 만나듯
꼭 만나야 할 사람은 만나게 해 주시는 하느님이십니다.

어느 날, 객실 수녀님이 저를 보고 연신 미안하다고 하였습니다.
이유인즉슨, 어떤 자매님이 전화로 저를 애타게 찾았는데
저의 세속 이름을 깜빡하신 수녀님은 그런 사람 없으니
다른 수녀원에 알아보라고 했다는데,

제 얼굴을 보자마자 이름이 생각났다는 것입니다.

애타게 '언니'를 찾았다는데 그녀의 전화번호도 묻지 않았던 것입니다.

참 난감했습니다. 그렇게 애타게 찾으면 전화번호라도 받아 두었으면

좋았을 것을….

저를 언니라 부르며 애타게 찾을 사람은 딱 한 사람 있습니다.

예전에 같은 직장에 다니던 동생뻘 되는 LSY입니다.

행여나 하고 오래된 묵은 수첩을 뒤적였더니

천만다행으로 집 전화번호가 있었습니다.

당장 전화를 하였더니 곧바로 SY가 받아, 언니, 언니를 연발하며 반가워했습니다.

SY는 이북에서 넘어온 부모 밑에서 경기도 벽촌에서 가난하게 자랐습니다.

중학교도 없는 깡촌인데다 중학교를 갈 형편이 안 되어

몇 천 원 손에 쥐고 무조건 서울로 올라와 급사로 일하며

야간 중고등 전수학교를 다닌 갸륵한 소녀로

졸업 후에 저와 같이 근무하게 되었습니다.

착하고 예쁜 미소를 지닌 SY는 자취생이라 먹는 것도 변변찮았습니다.
그래서 저는 엄마에게 도시락 반찬을 넉넉하게 싸 달라고 부탁해서
나누어 먹곤 하였습니다.
우리는 참 많은 것을 이야기하고 많이도 웃으며 지냈습니다.
SY는 동생이 없는 저를 언니라 부르며 착하고 예쁜 동생이 되었습니다.

당시는 혼수 예물을 미리 준비하던 시절이라
저는 이것저것 모아 놓은 것들을 아낌없이 SY에게 물려주고
훌쩍 수녀원으로 떠나왔습니다.
SY는 결혼하여 신랑과 함께 신혼여행에서 돌아가는 길에
대구에 들러 지원자인 저를 만나고 갈 정도로 우리는 정이 깊었습니다.

SY는 아기 엄마가 되고, 저는 수녀가 되고,
서로 연락이 끊긴 채 시간이 마냥 흘렀습니다.
25년이 흐른 1997년(?)에 SY는 저를 찾아내 개봉동 성당으로 왔습니다.
늘 못 배운 게 한이었던 그녀는 그동안 방통대를 졸업하고,

남편과 작은 사업을 하며 대학원에서 공부한다며 자랑스럽게 이야기하였습니다.

아, 예전의 SY를 생각하면 놀라운 발전이었습니다.

아마 그때 집 전화번호를 적어 두었나 봅니다.

그리고 다시 25년 동안 연락이 끊겼는데, SY가 다시 저를 찾아낸 것입니다.

그동안 SY는 박사 학위를 땄고,

사업은 번창하여 회사의 대표가 되었는데,

남편은 몇 년 전에 돌아가셨다고 합니다.

SY는 영등포에 있는 자기 회사에 저를 데려가

그 옛날 제가 주었던 시를 적은 노트를 보여 주며 자기 보물이라 하였습니다.

준 사람은 까맣게 잊었는데 그것을 지금까지 보물처럼 간직하고 있다니!

SY의 진솔한 인성이 다시 확인되는 순간이었습니다.

SY는 과천에 혼자 살고 있습니다.

저는 며칠 휴가를 내어 SY랑 함께 지내며,

그 옛날 처녀 시절처럼

별것도 아닌 것으로 배꼽을 잡고 웃으며 회포를 풀었습니다.

옛날에도 우린 그렇게 많이 웃었거든요.

한동안 소식이 뜸해 전화하였더니,

간병인이 받아 통화할 수 없다고 말하였습니다.

저의 신원을 밝히고 자세하게 말하라고 하였더니

치매로 쓰러져 의식이 없는 상태라는 청천벽력과 같은 소식을 들었습니다.

그래서 SY의 딸과 통화하였는데, 위중한 상태였습니다.

50년 넘은 세월에 25년을 주기로 만났다가

이제는 영원히 헤어질 시간이 다가오고 있습니다.

✦ JMJ 카타리나

2019년에 전화 한 통화를 받았습니다.

30년 만에 저를 찾아낸 MJ 카타리나였습니다.

88 올림픽 개최 당시 저는 왕십리 성당에서 근무하였고,
성당에 나올 수 없던 말기 암환자인 한 자매님의 집을 방문하여
일주일에 한 번 교리를 공부하며 세례를 준비시켰습니다.
자매님은 중년으로 남편과 4남매를 두신 분이셨습니다.
큰아들은 군 복무 중이었고, 두 딸, 그리고 막내아들은 중학생이었습니다.
자녀들 교육과 결혼 등등 할 일이 산적한 창창한 나이에 자매님은 아팠습니다.
참 점잖으신 남편분을 볼 때마다 딱한 마음이 들었고,
아직 엄마 손길이 필요한 딸들과 중학생인 막내를 볼 때는 마음이 아팠습니다.

어느 날, 4남매와 함께 아무런 준비도 없이
어디 가는 줄도 모른 채 백운대 등산을 하였는데
그곳은 제가 올라간 가장 높은 산이었습니다.

세례 후에 자매님은 돌아가셨고,

얼마 후에 저는 왕십리 성당을 떠나 본원으로 들어왔습니다.

가끔 그 가족이 생각났지만,

그분들이 이사 갔다는 소식을 듣고 그것으로 인연이 끝났다고 생각하였습니다.

한편 30년이 흐르는 동안,

MJ는 아버지를 모시고 살았는데 아버지가 저를 만나고 싶어 하셔서

저를 찾기 위해 애를 많이 썼다고 합니다.

왕십리 성당 사무실에 찾아가 문의했더니

그런 수녀님 모른다는 매정한 대답을 들었다고 합니다.

모르면 본당 수녀님들과 연결시켜 주면 되는데, 누군지 참 무심합니다.

MJ와 함께 사셨던 아버지는 돈암동 옆 동네인 삼선교에서 돌아가셨다고 합니다.

바로 옆 동네에 살면서도 서로 몰랐던 것입니다.

조금만 빨리 만났더라면 아버지를 뵐 수 있었을 텐데….

MJ가 저를 아날로그식으로 찾았지만 찾지 못하자

MJ의 올케가 나서서 디지털식으로 인터넷을 뒤져

서원 40주년 당시의 제 사진을 우리 수녀원 홈피에서 찾아내어
마침내 30년 동안 끊겼던 다리가 다시 이어지게 되었습니다.

그렇게 4남매를 다시 만났습니다.
큰아들은 결혼하여 대학생 일남 일녀를 둔 중년 신사가 되었고,
MJ는 아픈 언니의 아들인 조카를 친아들처럼 키우는 독신이고,
막내는 어엿한 가장이 되어 제 손을 마주 잡으며
그 옛날 자기 손을 잡아 주는 제 손이 참 따뜻하였다고 말하였습니다.
30년 후에 만난 그들은 예쁜 아들딸들의 아빠와 엄마가 되어 있었습니다.
잊지 않고 찾아 준 것만으로도 고마운데 MJ는 저를 엄마 대하듯 합니다.
과분하여 그러지 말라고 하면, 엄마에게 하는 것이라고 말하며
옛날과 변함없는 착한 심성을 드러냅니다.

좋으신 주님은 꼭 만나야 할 사람은 만나게 해 주십니다.
돈암동 성당에서 초등학교 5학년 담임
이사행 바울라 선생님을 만나게 해 주셨고,

지금처럼 휴대 전화가 없던 시절,

연락이 끊긴 사람 LSY과 JMJ도 만나게 해 주셨으니

왕십리 기찻길 옆에 살던 JM도 만나고 싶습니다.

지금쯤 50대 중년이 되었을 JM을 만나 그동안 어떻게 살았는지 듣고 싶습니다.

참 착한 소녀였으니 어디선가 착하게 살고 있을 것입니다.

04

섭리의 날개를 타고

너희를 어떻게 독수리 날개에 태워 나에게로 데려왔는지 보지 않았느냐?

(탈출 19,4)

줄탁동시(啐啄同時)

줄탁동시! 병아리가 알에서 나오려고 껍질을 쪼아댈(啐) 때, 어미 닭이 밖에서 껍질을 함께 쪼아줘(啄) 병아리가 세상 밖으로 나올 수 있도록 돕는 것을 의미합니다.

저는 이 말을 참 좋아합니다.

하느님과 인간의 협력과 협업의 이야기가 바로 구원사이기 때문입니다.

하느님의 은총과 인간의 응답,

그 상호 작용을 이보다 더 잘 표현한 단어는 없을 것입니다.

하느님과 인간의 "자비와 충성이 마주 서로 만난"(최민순 역 시편 85,11)

티키타카가 바로 줄탁동시입니다.

성경의 위대한 인물들은 하나같이 줄탁동시의 달인이라고 할 수 있습니다.

줄과 탁이 동시에 이루어지지만,

그러나 신앙의 세계에서는 항상 은총이 먼저입니다.

먼저 신앙의 선조 아브라함의 줄탁동시는

처음부터 끝까지 드라마틱하기만 합니다.

부르심과 순종, 아들 이사악의 제헌과 야훼 이레에서 신앙의 절정을 보여 줍니다.

야곱은 가해자에서 피해자가 된 인생의 후반전에 가서야

프니엘에서 하느님과의 씨름을 통해

진정한 줄탁동시를 이루며 이스라엘이 되었습니다.

요셉은 절망 중에서도 하느님의 가없는 사랑을 받으며

마침내 형제들을 용서하고,

혹독한 기아에서 부족을 구하는 섭리의 사람이 되었습니다.

모세는 하느님께서 그와 얼굴을 맞대고 대화하시는 하느님의 벗이 되었고,

하느님께 솔직히 하소연하고 도움을 받는 줄탁동시의 달인이었습니다.

……

요셉은 사랑하는 약혼녀 마리아의 잉태를 알고 죽을 만큼 괴로웠지만

천사의 알림을 받고 마리아를 아내로 맞아들인 성가정의 태산 같은 가장이십니다.

성모 마리아는 죽기를 불사하고 천사의 수태고지에 순종하여

세상에 구세주를 낳아 주셨습니다.

마리아의 일생은 하느님의 은총과 마리아의 순종으로 촘촘히 수놓아졌습니다.

은총이 가득한 마리아의 삶은 많은 고통으로 채워졌지만

그러나 모든 것에 순종하며

평생을 하느님께 신뢰하며 살아간 줄탁동시의 모후이십니다.

고통 중에 평화를 누리는 성모 마리아를 통해 진정한 평화를 배웁니다.

이루 헤아릴 수 없이 많은 성서 인물의 삶은

모두 크고 작은 줄탁동시의 열매입니다.

"하늘은 스스로 돕는 자를 돕는다."

이 명언은 줄탁동시의 다른 버전입니다.

스스로 돕지 않은 자를 하느님은 도울 수 없습니다.

하느님께서 우리에게 생명처럼 소중한 자유를 주셨기 때문입니다.

'억지로' 왕이 되는 것보다 '자발적으로' 포졸이 되는 것이 더 행복합니다.

혹자는 왕이 된 다른 사람을 부러워하느라

포졸인 자신의 인생을 망쳐 버리기도 합니다.

하느님께서는 우리 모두에게 "알맞은 복"(창세 49,28)을 주셨습니다.

장미와 채송화는 매우 다르지만 각기 하느님께 알맞은 복을 받은 꽃입니다.

우리도 받은 은사와 직분과 활동은 서로 다르지만

그 모든 것은 공동선을 위해 받은 선물이기에 모두가 소중합니다.

항상 우리를 사랑하시고 복을 주시는 하느님께 우리가 기꺼이 응답하면

거기 향기로운 꽃과 튼실한 열매가 가득할 것입니다.

줄탁동시는 하느님의 은총과 인간의 응답이 서로 어우러져 구원을 이루는

아름다운 상호성을 잘 표현하는 사자성어입니다.

이 줄탁동시는 성서학교 학생이라면 귀에 못이 박히도록 4년 내내 듣고,

헤세드가 되어서도 계속 듣는 말입니다.

우리와 구원의 왈츠를 추기를 원하시는 주님의 손을 잡는 것은

우리의 선택입니다.

신앙은 하느님과 인간의 이 친밀한 상호성을 알고 살아가는 것입니다.

하느님이 밀면 밀리고, 당기면 당겨지는 사람,

하느님이 노래를 부르시면 춤을 추는 사람,

하느님이 우시면 눈물을 닦아 주는 사람,

하느님이 보내시면 기꺼이 가는 사람,

그렇게 일생이 하느님의 화답송이 되는 사람이 바로 줄탁동시의 사람입니다.

"내가 이스라엘 위에 이슬처럼 내리면

이스라엘은 나리꽃처럼 피어나리라."(호세 14,6)

우기청호(雨奇晴好)

우기청호는 "비 올 때의 경치도 매우 기이(奇異)하고,

갠 후의 경치도 좋다."는 뜻의 사자성어입니다.

여행을 즐기는 사람은 날씨에 그다지 영향을 받지 않습니다.

물론 맑고 쾌청한 날씨가 여행하기에는 적합하지만

그러나 모든 날씨는 그 나름의 아름다움과

의미를 지니고 있음을 알기 때문입니다.

2012년 바오로 사도의 발자취를 따른 터키와 그리스 순례는

눈으로 뒤덮인 춥고 고생스러운 여정이었지만

가장 기억에 남는 순례이기도 합니다.

어디 여행뿐이겠습니까?

길고 짧은 여행을 품은 인생이라는 긴 여행을 하는 우리에게도

이 말은 진실입니다.

하루가 밤낮으로, 일 년이 사계절로 이루어지듯이

인생은 들숨과 날숨, 희로애락과 생로병사로 직조된

모든 것이 그 나름 의미 있고, 아름답고 좋은 한 번뿐인 여행입니다.

의미를 찾는 사람에게는 모든 것이 다 선물입니다.

저는 우기청호와 바오로 사도의 필리피 서간의 말씀이 같다고 생각합니다.

비가 오면 기이한 풍경을 보아서 좋고, 날이 개면 맑은 경치를 보아 좋듯이,

역경 중에는 인내를 배워서 좋고,

순경(順境) 중에는 삶을 즐길 수 있어서 좋습니다.

어떠한 처지에서도 좋은 것을 볼 줄 아는 사람에게는 모든 때가 다 축복입니다.

이것은 삶의 비결인 그리스도를 알기 때문에

모든 때와 상황을 선으로 이끌어 가시는

선하신 하느님을 믿는 믿음으로 가능합니다.

"나는 어떤 처지에서도 자족하는 법을 배웠습니다.

나는 궁핍하게 살 줄도 알고 풍족하게 살 줄도 압니다.

어떤 일, 어떤 경우에도 적응할 수 있는 비결을 가지고 있습니다.

내게 힘을 주시는 분을 통해서 나는 모든 일을 해낼 수 있습니다."(필리 4,11-13)

구약 전체, 특히 모세 오경이 강조하는 하느님의 뜻은

하느님의 백성인 이스라엘이 거룩하신 하느님을 닮아

거룩한 사람이 되는 것입니다.

"나 야훼 너희 하느님이 거룩하니, 너희도 거룩한 사람이 되어라."(레위 19,2)

이 하느님의 뜻은 신약에서도 되풀이됩니다.

"하느님의 뜻이란 바로 여러분의 성화입니다."(1테살 4,3)

곧이어 바오로 사도는 거룩한 삶이란 기쁨과 기도와 감사임을 밝힙니다.

"항상 기뻐하시오. 끊임없이 기도하시오. 모든 일에 감사하시오.

이것이야말로 그리스도 예수 안에서

하느님께서 여러분에게 원하시는 것입니다."(1테살 5,16-18)

우리는 흔히 거룩함을 성당에서 기도와 활동에만 전념하고

세속과 거리를 두는 심각하고 엄숙한 신앙생활이라고 오해하기도 합니다.

그러나 거룩함의 본질은 사랑이며

이 사랑의 얼굴이 바로 기쁨과 기도와 감사입니다.

거룩한 사람은 언제나 기뻐하는 사람이고,

끊임없이 기도하는 사람이고, 모든 일에 감사하는 사람입니다.

이것이 하느님을 닮은 거룩한 사람의 태도입니다.

우리가 경험한 대로 사랑하면 기쁘고, 기도하고, 감사하게 됩니다.

믿는 우리에게 바람직한 삶의 태도는 바로 우기청호입니다.

성경에서 섭리의 사람을 꼽으라면, 저는 단연 요셉을 꼽습니다.

그는 17세에 형들에게 미움받아 이집트에 종으로 팔려 가고 감옥에 갇혔지만

30세에 이집트의 재상이 되어 22년 만에 만난 형들을 깨끗이 용서한 것은

자신의 삶을 이끄신 하느님의 선하신 섭리를 잘 알았기 때문이었습니다.

"나에게 못할 짓을 꾸민 것은 틀림없이 형들이오.

하지만 하느님께서는 도리어 그것을 좋게 꾸미시었습니다."(창세 50,20)

"하느님을 사랑하는 사람들

곧 하느님의 계획에 따라 부르심을 받은 사람들에게는

모든 일이 서로 작용해서 좋은 결과를 이룬다는 것을 우리는 압니다."(로마 8,28)

바오로 사도의 이 말씀은 성경 전체를 통틀어 섭리에 관한

가장 탁월한 구절로 우기청호를 그림처럼 선명하게 보여 주는 말씀입니다.

우리는 살아가면서 수많은 사람을 만납니다.

좋은 사람과 싫은 사람, 훌륭한 사람과 못난 사람, 예쁜 사람과 미운 사람, 등등…

어느 수도원에 골치 아픈 말썽꾸러기 수도자가 있어

수도원장은 유명한 수도승을 찾아가 의논하였답니다.

그 수도승은 그런 사람이 없으면 이웃 수도원에 가서라도 빌려 와야 하는데

이미 있으니 잘되었다고 말하였답니다.

그를 통해 인간의 약함을 배우고 인내와 용서를 배울 수 있으니,

선물이라 하였답니다.

모든 사람은 한 사람도 예외 없이 우리에게 교사입니다.

정면 교사도 있고, 반면교사도 있습니다.

정면 교사는 좋은 모범으로 교사이고,

반면교사는 수치심으로 부끄럽게 하는 교사입니다.

제 경험으로는 정면 교사가 주는 긍정적 충격보다는

반면교사가 주는 부정적 충격이 교육적으로는 더 효과적이었습니다.

그러니 주변에 이런 반면교사가 있는 것은 인격 수양에 좋은 일입니다.

그런 의미에서 성조 야곱의 가장 큰 은인은

야곱 자신의 과거 행적을 뼈저리게 일깨워 주고,

하느님을 두려운 분으로 알게 한 외삼촌이자 장인인 라반입니다.

야곱에게 은인 라반이 있듯이 우리에게도 라반과 같은 은인이 있습니다.

비가 오면 비를 즐기고, 해가 나면 해를 즐기는 것이 우기청호입니다.

인생을 여행이라 생각하는 사람에게는

모든 시간과 장소와 상황이 즐길 거리입니다.

일체유심조(一切唯心造), 모든 것은 그것을 대하는 사람의 마음에 따라

배움을 주는 즐겁고 놀라운 선물이 될 수 있습니다.

경천애인(敬天愛人)

마태오 복음사가는 그의 복음에서 두 번이나 **"율법과 예언서의 정신"**을 말하며 그것이 황금률(7,12)과 경천애인(22,36-40)이라 밝힙니다.

예수님께서는 율법에서 가장 큰 계명을 묻는 율법 교사의 물음에
"마음을 다 기울이고 정성을 다 바치고 힘을 다 쏟아
너의 하느님 야훼를 사랑하라."는
신명기 6,5 말씀을 가장 크고 첫째가는 계명으로,
그리고 둘째가는 계명으로 **"네 이웃을 네 몸처럼 아껴라."**라고 한
레위기 19,18의 말씀으로 대답하였습니다.

구약의 그 많고 많은 계명과 율법과 법규와 규정의 숲은

이 두 거목으로 요약됩니다.

제 생각에 이 두 나무는 다시 한 그루의 생명나무로 설명됩니다.

창세기 3장은 하느님께서 범죄한 원조를 에덴동산에서 내쫓으신 다음에

커룹들과 불 칼로 생명나무에 이르는 길을 지키게 하셨다고 말합니다.

아담과 하와는 스스로 하느님이 되고자 금지된 선악과를 따 먹은 사람들이니,

하느님의 입장에서는 얼마든지 개연성이 있는 조치라고 생각됩니다.

생명나무는 거저 차지하거나 거저 따 먹을 수 있는 나무가 아닙니다.

하느님께서 우리 안에 **"하느님의 씨"**(1요한 3,9)를 심어 주셨으니,

그 심어 주신 생명의 씨앗이 싹이 트고 자라서 열매를 맺도록 돌봐야 합니다.

뿌려진 씨앗은 우리네 마음 밭의 사정에 따라

부주의와 무관심으로 씨앗을 사탄에게 먹힐 수도 있고,

처음에는 열성이지만 환난과 박해가 오면 기다렸다는 듯이

즉시 넘어지는 뿌리 깊지 않은 돌밭의 씨앗일 수도 있고,

세상 걱정과 재물과 유혹과 욕심 등이 웃자라

숨이 막히는 가시덤불일 수도 있습니다.

아무튼 주님은 사람을 가리지 않고 모든 사람에게 생명의 씨앗을 뿌리셨습니다.

그래서 심긴 밭의 상태와 태도에 따라 씨앗의 운명이 달라지는 것입니다.

구원은 선물이자 동시에 도전이기 때문입니다.

제가 경천애인을 한 그루의 생명나무로 생각한 것은

아마도 성령의 깨우침이었을 것입니다.

하느님을 사랑하는 애주(愛主)가 뿌리이고,

그 뿌리에 이어진 밑동이 자기 자신을 사랑하는 애기(愛己)이고,

그리고 가지와 열매가 이웃을 사랑하는 애인(愛人)입니다.

결국 하느님 사랑과 자기 사랑과 이웃 사랑은 한 사랑의 세 가지 측면인 셈입니다.

나무의 뿌리가 땅속에 있어 볼 수 없는 것처럼

우리의 하느님 사랑도 그 자체로는 가늠할 수 없습니다.

다만 보이는 밑동과 가지와 열매를 통해 튼튼한 뿌리가 있음을 알 수 있습니다.

애기(愛己)는 이기(利己)와는 다릅니다.

애기는 하느님의 눈으로 자기 자신을 받아들이고 사랑하는 것이고,

이기는 자기 자신만의 이익을 위해 자신을 사랑(?)하는 것입니다.

애기가 하느님 중심이라면, 이기는 철저하게 자기중심입니다.

지혜로우신 하느님께서는 진정으로 자기 자신을 사랑하는 사람만이

이웃을 사랑할 수 있음을 아셨기에

"네 이웃을 네 몸처럼 아껴라."라고 말씀하신 것입니다.

뿌리와 밑동과 가지가 하나로 연결되어야만 풍성한 열매를 맺습니다.

삼위일체이신 하느님께서는

당신 사랑의 이 세 가지 측면이 하나가 되기를 바라십니다.

당신이 인간에게 바라시는 가장 큰 예물이

인간 상호 간의 화해와 용서와 사랑인 것도 바로 이런 이유에서입니다.

하느님께서는 향기 없는 조화를 싫어하십니다.

예물이 아무리 화려해도 사랑의 향기가 없는 거짓 예배는 아주 질색하십니다.

아무리 볼품없는 꽃이라도 향기로운 생화를 즐겨 받으십니다.

가난한 과부의 동전 두 닢을 누구보다 더 많이 넣었다 하신 주님이십니다.

하느님께서 우리의 인생에 심어 주신 생명나무는 잘 자라고 있습니까?

애주와 애기와 애인이 조화를 이룰 때

우리는 주님께서 주신 평화를 온전히 누릴 것입니다.

너무나 & 끝까지

저는 요한 복음에서 동사 '사랑하다'를 수식하는

부사 '너무나'와 '끝까지'가 참 좋습니다.

"하느님께서는 이 세상을 너무나 사랑하시어 외아들을 주시기까지 하셨으니

그를 믿는 사람은 누구든지 멸망하지 않고 영원한 생명을 얻게 하여 주셨다."

(요한 3,16)

성경을 한 절로 요약하면 바로 이 말씀이라고들 하는데

이 말씀은 예수님의 강생 이유가 사랑이며

그 목적은 인류 구원이라 밝히고 있습니다.

"예수께서는 이 세상에서 아버지께로 건너가야 할 당신의 시간이 온 것을 아시고, 세상에 있는 당신의 사람들을 사랑해 오신 그분은 이제 그들을 끝까지 사랑하셨다."(요한 13,1)

앞의 말씀은 강생의 이유가 사랑이라 증언하고,
뒤의 말씀은 믿는 이들에게 생명을 주시기 위해 십자가 죽음을 앞두신 주님께서
제자들을 끝까지 사랑하시어 그들의 구원을 위해 생명을 바치셨다는 증언입니다.
이 두 구절을 통해 예수님은 시작도 사랑이요 마침도 사랑이심이 확증됩니다.

두 부사에는 사랑의 순도(純度)와 강도(强度)가 담겨 있을 뿐만 아니라
"그리스도의 사랑의 너비와 길이와 높이와 깊이"(에페 3,18-19)도 담겨 있습니다.
그리스도의 사랑은 보편성의 너비, 영원성의 길이, 초월성의 높이,
그리고 내재성의 깊이를 포함하고 있습니다.

일찍이 하느님은 "나는 한결같은 사랑으로 너를 사랑하였다."(예레 31,3)
"나 야훼가 너희를 사랑한다."(말라 1,2)고 대놓고 고백하신 것을

이제 예수님의 강생과 죽음을 통해 실증해 주셨습니다.
고개를 젖혀서 바라보기에도 황송한 이 사랑으로 주님은 우리를 사랑하셨고,
우리 또한 이 사랑을 배우고 익히고 살도록 초대받았습니다.

성경에서 주님을 만난 사람들의 태도를 보면,
정도의 차이는 있으나 모두 주님을 너무나 사랑하고
끝까지 사랑한 사람들입니다.
죄인이었을지라도 이런 사랑을 회복한 사람들,
한마디로 '한결같은 사랑'을 지닌 사람들입니다.
제게 그 으뜸은 마리아 막달레나 성녀입니다.
그녀는 일곱 마귀에 시달렸던 죄의 심연에서
하늘까지 불림을 받은 놀라운 여인입니다.
주님을 향한 그녀의 사랑은
가히 주님의 '너무나'와 '끝까지'를 닮은 사랑이었습니다.

사랑은 사랑을 알아봅니다.

예수님은 그녀를 알아보셨고, 그녀 또한 예수님을 알아보았습니다.

마치 사랑의 사도 요한이 갈릴래아 호수에서 많이 잡힌 물고기를 보고

부활하신 주님을 알아보았듯이, 사랑은 사랑을 알아봅니다.

사람들은 순도가 높은 순금과 강도가 높은 다이아몬드를 좋아합니다.

그것들은 생명이 없는 아름다운 것들이지만

너무나, 끝까지 사랑하는 한결같은 사랑은 생명 그 자체입니다.

우리는 모두 이런 가없고 한결같은 사랑을 받아

하느님의 자녀, 그리스도의 몸, 성령의 성전이 되었습니다.

이렇게 우리는 하느님께 사랑받는 사람, 하느님께서 소중히 여기시는 보석이 되어

"하느님은 사랑이십니다."(1요한 4,16)라고 고백합니다.

마지막 말(Last Word)

"이렇게 만드신 모든 것을 하느님께서 보시니 참 좋았다."(창세 1,31)

"하느님의 조물은 모두 좋으니
감사를 드리며 먹으면 하나도 버릴 것이 없습니다."(1티모 4,4)

총 73권인 성경은 그 안에 담긴 수많은 사람과 사건과 역사를 이야기합니다.
수천 년의 이야기가 담긴 성경은 무엇을 말하고 있으며
그 마지막 말은 무엇일까요?
그것은 주님의 마지막 말씀은 '구원'이고, 인간의 마지막 말은 '감사'라는 것입니다.

이는 제가 수도자로 살아오면서 성경을 읽고 묵상하고,

가르치고 살아오면서 얻은 결론입니다.

성경의 모든 이야기는 하느님께서 인간을 구원하신 이야기이고,

그 상대인 인간은 그 역사에 감사하는 사람입니다.

보통으로 사람들은 좋은 일이 있을 때 감사하지만

하느님의 선하심을 믿고 바라는 이들은 좋거나 싫은 모든 일에 감사합니다.

결국 그 모든 것이 하느님의 구원에 이르는 여정임을 알기 때문입니다.

욥은 모든 소유를 약탈당하고 자녀들이 죽었다는 소식을 듣자

이렇게 말했습니다.

"벌거벗고 세상에 태어난 몸, 알몸으로 돌아가리라.

야훼께서 주셨던 것, 야훼께서 도로 가져가시니

다만 야훼의 이름을 찬양할지라."(욥 1,21)

모든 소유와 자녀들이 자신의 것이 아니라 하느님의 것이니

하느님의 처분에 맡기고 원망을 하지 않은 것입니다.

오히려 욥은 이 모든 시련을 통해

마침내 하느님을 눈으로 뵙는 체험을 하였습니다.

"당신께서 어떤 분이시라는 것을 소문으로 겨우 들었었는데,

이제 저는 이 눈으로 당신을 뵈었습니다."(욥 42,5)

그렇습니다. 시련과 고통이 그를 눈뜨게 하여 하느님을 뵙게 한 것입니다.

하느님을 믿고, 바라고, 사랑하며

"모든 일에 감사하시오."(1테살 5,18) 하신 말씀을 살아가는 것은

하느님과 인간이 누구이며 그 마지막 말이 무엇인지 아는 사람들의 태도입니다.

길을 가다가 미끄러져 다리를 다친 사람은 재수 없다며 툴툴대지만

믿는 이들은 머리를 다치지 않고 다리를 다친 것에 감사합니다.

하느님의 자녀는 모든 일에서 하느님의 섭리를 보기에

삶을 긍정하며 그것을 통해 하느님의 선하심을 만납니다.

실패는 자신을 되돌아보라는 초대이고,

질병은 자신을 소중하게 대하라는 초대이기에

모든 것을 성장의 초대로 받아 감사드립니다.

우리와 함께 걸으시는 임마누엘 주님과 도란도란 이야기하는 주제는

이제와 항상 영원히 구원과 감사입니다.

코로나19 휴강

듣도 보도 못하고 상상조차 할 수 없었던 전염병의 시대가 찾아왔습니다.

성서학교는 2020년 봄에 이스라엘 순례를 앞두고 있었고,

모든 준비가 완료되었기에 떠나기만 하면 되었습니다.

세상 곳곳에 코로나가 확산되었다는 뉴스를 들었지만

이전의 전염병 정도로 생각하였습니다.

그러던 차에 이스라엘을 다녀온 한국인들이 확진되었다는 뉴스를 듣고

며칠을 고심하다가, 순례를 포기하는 것으로 결정을 내렸습니다.

항공권까지 다 예약한 여행사 사장님에게는 매우 미안한 일이었으나,

그래도 제게는 학생들의 안전이 더 중요했기에 내린 결정이었습니다.

그렇게 순례는 포기하였지만, 개강까지 포기하게 될 줄은 몰랐습니다.

베네딕도 성서학교는 그저 지식 전달의 강의가 아닌
강의와 대화와 체험을 곁들인 교육 과정이라 줌(zoom)으로는 한계가 있어
고심 끝에 휴강하였지만, 한 학기 정도 지나면 다시 만날 줄 알았습니다.
그랬던 휴강이 2020년과 2021년, 네 학기나 이어졌습니다.
그동안 제가 몸과 마음을 다 바쳐 봉사한 성서 사도직이
이런 식으로 코로나에 의해 정지되고 실업자(?)가 되자
기다림과 그리움에 지친 저는 어지럼증이 심해져 병원에 다녀야 했습니다.
뇌 MRI까지 찍었지만, 다행히 뇌는 깨끗했고,
이비인후과에서 복잡한 검사를 받게 되었습니다.
나이가 있으니 청력이 떨어지고, 기저질환이 있으니 영향을 미쳤을 것입니다.
어지러운 저와 병원 길을 충실하게 동반해 준
작은 별 자매님에게 깊이 감사드립니다.

수녀원에서도 확진자가 나올 정도로 코로나는 퍼져 나갔고,

연세 드시고 허약한 한 선배 수녀님은 코로나로 운명하기도 하였습니다.

코로나로 남편을 떠나보낸 성서학교 학생도 있습니다.

팬데믹 시기를 거치면서 우리가 깨달은 것은

생명의 주인은 인간이 아닌 하느님이시라는 자명한 진리입니다.

가장 평범한 일상이 실은 가장 큰 축복이라는 것과

자연은 착취의 대상이 아닌 더불어 공존하는 대상임도 깨닫게 되었습니다.

친구를 만나고, 담소하고, 식사하는 그 평범한 일상이

얼마나 소중하고 엄청난 축복이었는지, 묶인 다음에야 알게 되었습니다.

휴강 2년 동안 화초를 돌보기 위해 빈 강의실에 들어설 때마다

이 자리에 누가 앉았었고, 저 자리에 누가 앉았었지 하며 둘러보곤 하였습니다.

그럴 때마다 그리움으로 야위어 갔는지 체중이 많이 줄었습니다.

세상에서 가장 불쌍한 사람이 실업자라는 것을

2년 동안 몸과 마음으로 체득하였습니다.

성서학교는 휴강이었지만 수도 생활은 여전히 루틴으로 돌아갔습니다.

그러나 저는 갈 곳이 없는 사람처럼, 삶의 맛을 잃은 사람처럼 서성이는

제 자신을 바라보며 참 힘들었습니다.

이산가족처럼 만날 수 없는 학생들과 헤세드와의 관계를

그나마 카페를 통해 겨우 이어 나갈 수 있었습니다.

2022년을 목전에 두고 다시 고민하기 시작하였습니다.

수그러들 기미가 없는 코로나는 여전한데, 개강을 해야 하나 말아야 하나….

숙고하고 기도하며 내린 결정이 3월 개강이었습니다.

2022년 성서학교 설립 25주년이기에 더는 미룰 수 없다고 생각하였습니다.

2학년과 3학년은 그동안 다져진 기초가 탄탄해서 크게 걱정이 되지 않았지만

1학년은 귀와 입이 열릴락 말락 한 1년 과정 뒤의 긴 2년 휴강 끝이라

많은 변동이 있을 거라 우려가 되었지만,

결정한 대로 2년 만에 개강하고 신입생도 받았습니다.

휴강 2년 동안 사무친 것은 성서 사도직과 학생들에 대한 저의 애정이었습니다.

아, 그동안 그토록 사랑하던 성서 사도직을 할 수 있었고,

사랑하던 사람들과 지냈음을 새삼 깨닫게 되었습니다.

학년마다 단 10명만 와도 기쁘게 강의하겠다고 생각하였습니다.

예상한 대로 2, 3학년은 네 반이 세 반으로 줄어 3, 4학년이 되었고,

1학년은 네 반이 두 반으로 확 줄어 2학년이 되었지만,

그래도 반갑고 감사했습니다.

신입생은 조촐한 세 반이고, 눈을 반짝이며 경청하는 모습들이 귀하기만 합니다.

기나긴 휴강 끝에 2년 만에 다시 모인 우리 학생들은

코로나로 어수선한 세상에서도 여기 오면 말씀을 만나고,

반가운 벗들을 만나고, 자신을 만나는 기쁨과 은총이 충만한 공간

베네딕도 성서학교가 있어 참 좋다고들 말합니다.

코로나 휴강 2년이 이 자명한 사실을 더욱 깊이 깨닫게 해 준 것입니다.

코로나로 인해 많은 사람이 생명을 잃었고, 온 세상이 막대한 손실을 입었지만

한편으로 코로나는 이렇게 우리 인간을 한 뼘 성장하게 만들었습니다.

베네딕도 성서학교 설립 25주년

2년 휴강 끝에 하는 강의는 참 힘들었습니다.

강의할 때는 힘이 났지만, 끝나고 수녀원에 돌아와서는 파김치가 되곤 하였습니다.

그렇게 힘든 3월이 지나니 몸도 차츰 적응되어 25주년을 준비하게 되었습니다.

1997~2022년,

그동안 주님의 은총과 우리의 응답으로 쌓인 세월을 되돌아보면,

모든 것이 은총이었음을 고백하지 않을 수 없습니다.

저는 성서 사도직 소임 초기에 길면 한 5~6년 봉사할 줄 알았는데

어느덧 22년이 훌쩍 지나갔습니다.

사람들은 눈 한 번 깜빡할 사이에 세월이 흘러갔다고들 말하는데
제 경우는 눈을 반도 깜빡이지 않았는데 22년이 훌쩍 지나갔습니다.
행복한 시간은 그렇게 빠르게 지나가나 봅니다.
겁날 것 없던 50대 초반에 성서학교를 시작했는데
이제는 매사에 조심스러운 70대 중반의 노년이 되었습니다.
세월 가는 줄도 모르고, 그저 성서학교에 코를 박고 살다가 고개를 들어 보니
어느덧 할머니가 되어 있는 자신이 때론 낯설기도 합니다.

저만 나이를 먹은 것이 아니라 헤세드도 저와 함께 나이 들어 갔습니다.
헤세드 역시 세월과 더불어 학생이던 자녀가 졸업하고 취업하고 결혼하여,
이제는 손자 손녀 자랑을 하는 할머니가 되었습니다.
한 사람의 살아온 여정을 20년이 넘도록 동반한다는 것은
한 편의 기록 영화를 보는 것과 같습니다.
함께 울고 웃으며 지금까지 걸어올 수 있었음에 감사드립니다.
유행가 가사처럼 우리가 늙어 가는 것이 아니라 익어 가기를 바랍니다.

그동안 성서학교를 찾아온 사람들은 어림잡아 800명 정도입니다.

입학생의 50~60%가 4년 과정을 마치고 졸업하는 통계로 보면 그러합니다.

2002년에 입학한 헤세드 2는 저의 첫사랑입니다.

불면 날세라 정성과 사랑을 다하여 강의하고 친교를 나눈 학생들이

졸업할 때가 다가오자, 헤어질 생각만으로도 눈물이 날 정도로 정이 들었습니다.

그렇게 해마다 졸업이 이어져 16회 졸업생까지 배출되었습니다.

그동안 강의를 하며 함께 봉사한 여러 수녀님께 감사드립니다.

졸업생 중에는 뭐가 그리 급했는지 벌써 하늘나라로 떠난 분들도 여럿 있고,

안타깝게도 사고나 병으로 거들짝을 잃은 분들도 있습니다.

그래도 헤세드 모임을 하며 삶의 애환을 나누고,

신앙과 우정을 다져 가는 분들은 자랑스러운 BBS(Benedict Bible School) 가족입니다.

25주년 기념품은 마노석으로 만든 1단 묵주입니다.

봉사자 회의에서 5단 나무 묵주와 1단 마노 묵주를 보여 주며 선택하라 하였더니

거의 100% 선택을 받은 귀한 묵주입니다.

마노 묵주에 대한 사연은 이렇습니다.

제가 쓰던 벼락 맞은 대추나무로 만든 묵주가 줄이 끊어져
왜관 수도원에 수선을 맡겼는데,
새로 엮은 제 묵주와 함께 1단짜리 마노 묵주가 선물로 왔습니다.
아마 요즘 같은 세상에 묵주를 수선해서 쓰는 수녀가 갸륵했는지
생면부지의 담당 수사님이 보낸 선물이었습니다.
마노 묵주를 손에 쥔 순간
저는 첫눈에 반한 사람처럼 묵주와 사랑에 빠졌습니다.

25주년 기념 묵주는 전화로 주문해도 되지만,
그 수사님을 만나 직접 감사드리고, 할인도 받고 싶어 기차를 탔습니다.
인사를 마친 후 수사님과 저는 한참을 말없이 웃음으로 대화하였습니다.
장사꾼이 아닌 수사님과 저는 흥정하는 대신
웃음으로 서로의 의견을 알아듣고 결정하여 마노 묵주를 주문하였습니다.

마노 묵주를 받은 헤세드와 재학생들은 하나같이 좋아했습니다.

저는 그 묵주로 성서학교 설립 25주년 감사 9일 기도를 제안하였고,
9일 기도가 끝난 5월 23일 수녀원 성당에서
주교회의 성서위원회 성서 사도직 총무 박기석 신부님의 주례로
베네딕도 성서학교 설립 25주년 감사미사를 재학생들과 헤세드와 함께
성대하고 감사하게 봉헌하였습니다.

코로나가 아니었다면, 바자회를 곁들인 축제로 한바탕 잔치 마당을 즐겼겠지만
시국에 맞게 조용하게 감사미사에 집중할 수 있는 것만으로도 감사했습니다.
수녀원 성당을 꽉 채운 재학생과 헤세드를 바라보며
작은 겨자씨가 자라나 그 가지들에 많은 새들이 깃들었다는
겨자씨의 비유가 실현된 현장을 보는 듯해서 울컥하였습니다.

헤세드 중에는 마노 묵주가 너무 귀해서 머리맡에 두고 만져만 보고,
행여 잃어버릴까 봐, 가지고 다니지 않는다는 이들도 있습니다.
그렇게 귀하게 여기는 것은 고마우나
그래도 묵주의 용도는 관상용이나 보관용이 아니라 기도하는 것이지요.

25주년을 지낸 성서학교의 헤세드와 재학생 모두가

세월이 깊어 갈수록 더욱더 거룩하고 향기로운 사람으로

사랑이신 하느님의 증인이 되기를 축복합니다.

다섯 줄 인생

우리 수녀원 묘지에는 여러 선후배 수녀님들이 잠들어 있습니다.

수녀님들은 각자의 뜻에 따라 매장 혹은 화장을 하여 모셔져 있습니다.

수녀님들의 묘지 앞에 누운 작은 정사각형 묘석에는

분도패 아래 생전 수녀님들의 삶이 단 다섯 줄로 기록되어 있습니다.

하느님께로부터 왔다가 하느님께로 돌아가는 인생에

무슨 수식어가 필요하겠습니까?

한평생 그리스도의 정배로 충실하게 살다가

생전의 공과는 주님의 자비에 맡기고 떠난 분들을

남은 자들은 군더더기 없는 다섯 줄과 이심전심의 기도로 작별을 고합니다. 묘지의 묘석을 볼 때마다 참 단순하고 소박한 수도자의 삶을 깔끔하게 살아야겠다는 생각이 깊어집니다.

아직 살아 있는 저는 저의 묘석을 새겨 봅니다.

출 생 1948. 9. 22

입 회 1973. 9. 14

첫서원 1977. 8. 15

종신서원 1982. 2. 22

선 종

한 줄 남은 마지막 다섯 번째 줄은 제가 기록할 수 없으니, 행여 여러분이 바람결에라도 저의 귀천 소식을 들으신다면 기도와 함께 꾹꾹 눌러 기록해 주시기를 부탁드립니다.

"오늘은 나에게, 내일은 너에게(Hodie mihi, Cras tibi)."

그렇게 죽음은 우리를 찾아올 것입니다.

그저 연월일시로 기록된 묘석은 참으로 많은 것을 생각하게 합니다.
모든 것을 버리고 자유로운 수도자의 길로 들어선 이들은
그저 시간 안에서 태어나 기도하고 일하며 시간 안에서 마치는 인생을 삽니다.
생명인 시간 안에서 희로애락이 점철된 인생을 살아가면서
그 모든 삶을 하느님의 영광과 이웃의 유익과 자신의 구원을 위해
애쓰며 노력한 일생을 주님께서 당신 자비로 감싸 주실 것입니다.

우리 베네딕도 수도회의 모토는 '기도하고 일하라'이고,
이 모토의 큰 틀 안에서 우리 수녀원의 일과는 기도하고 먹어라입니다.
아침기도와 묵상과 미사 후에 아침 식사, 낮기도 후에 점심 식사,
성독(聖讀)과 저녁기도 후에 저녁 식사가 있으니, 그야말로 기도하고 먹어라입니다.
하루의 마지막인 끝기도 후에야 잘 수 있으니, 기도하고 자라이기도 합니다.
기도하지 않으면 먹거나 잘 수 없다는 암묵적 의미를 내포한 일과입니다.
그렇게 말씀과 성사와 음식을 먹고 잠을 자며 한평생을 살아왔습니다.
삶에 필요한 것은 조촐하나마 다 누리면서 살아왔으니, 성소(聖召)의 축복입니다.
저를 베네딕도회 수도자로 불러 주시고,

이 수녀원에서 한평생 주님을 바라보며 살게 해 주신
주님께 찬미와 영광을 드립니다.
다양한 수도회가 있지만, 이 수도회는 저를 품어 뿌리 내리게 한
하느님의 집이자 저의 터전입니다.

무지개와 같은 인생이 아름다운 것은
활처럼 휜 곡선 안에 담긴 일곱 빛깔 때문입니다.
살아가면서 그때그때 색깔이 다른 경험과 감정을 느껴도
전체로 보면 아름다운 일곱 빛깔 중 하나입니다.
눈물과 웃음, 갈등과 화해, 성공과 실패, 건강과 질병, 그 모두 다 축복입니다.

다섯 줄 인생에 드리운 하느님의 섭리는 놀랍고
그것을 알아들으며 깊어 가는 연륜도 놀랍습니다.
"주님, 저는 압니다.
사람은 제가 걷는 길의 주인이 아니라는 것을."(예레 10,23)

여러분은 몇 줄의 인생을 기대하십니까?

섭리의 날개를 타고

고 3 졸업 앨범에 반 친구들과 사인한 것이 생각납니다.

저는 'Benedictine 김수옥'이라 사인하였습니다.

도대체 뭘 알고, 뭘 바라고 그런 사인을 하였는지, 참 신기하기만 합니다.

세계사 시간에 선생님은

중세를 구한 베네딕도회 수도자들에 대해 열강을 하셨는데

역사를 좋아하는 제게는 아주 인상적인 강의였습니다.

아마 그래서 졸업 앨범에 그렇게 사인을 했을 것입니다.

그리고 12년 후에, 저는 그 사인처럼 Benedictine이 되어

사인을 해야 할 때는 Sr. Lena Kim, OSB(Ordo Sancti Benedicti)라고 쓰곤 합니다.

아, 예언이라고 하기에는 감히 상상조차 할 수 없었던
순수하고 아련한 꿈같은 바람이 현실이 되었습니다.

살아온 세월을 되돌아보니, 모든 것이 은총이었습니다.
그때는 못 알아듣고, 부끄럽고, 눈물 나고 억울했던 일들도 되돌아보니,
모든 것이 서로 작용하여 선을 이룬 섭리였습니다.
나의 눈과 너의 눈에 비친 삶은 그리 아름답거나 고맙지 않을지라도
하느님의 눈에 비친 삶은 당신 눈동자처럼 소중하게 지켜 주셨고,
자비로운 당신의 손가락으로 올올이 엮어 주신
참으로 고맙고 아름다운 인생이었습니다.
제가 쓰레기라고 생각했던 것들까지도
재활용하여 요긴한 용도로 활용하셨습니다.
모든 것을 재활용하시는 하느님이시기에 하느님 나라에는 쓰레기통이 없습니다.
Felix culpa!

주님은 나를 안고 업고 가시는 한결같은 사랑이십니다.

"나는 여전히 너희를 업고 다니리라. 너희를 업어 살려 내리라."(이사 46,4)

"어미는 혹시 잊을지 몰라도 나는 결코 너를 잊지 아니하리라."(이사 49,15)

행여 잊으실세라 당신 손바닥에 저를 새겨 두셨습니다.

그것은 제가 사랑받을 만해서가 아니라 당신이 사랑이시기 때문입니다.

제멋대로 더 좋은 풀밭을 찾는다며 길을 헤맬 때도

주님은 저를 포기하지 않으시고,

찾아내시어 품에 안으시며 기뻐하신 목자이십니다.

저는 주님이 되찾고 기뻐하신 양이고 은전이며 탕자입니다.

루카 복음 15장은 그저 그때 거기서 그들의 이야기가 아니라

바로 지금 여기서 저의 이야기입니다.

당신이 저를 **"너는 나의 것"**이라 부르셨기에

"야훼는 나의 목자, 아쉬울 것 없어라."는 저의 노래이며

"하느님만으로 충분합니다(Solo Dios basta)**!"**

오직 하느님으로 만족한 아빌라 데레사의 고백도 저의 고백입니다.

순례길 인생에서 만난 많은 사람 역시 하느님께서 보내 주신 천사들이었습니다.

인생이 하느님에게서 나와 하느님께로 가는 순례이고,

사람이 바로 하느님을 만나는 성지임도 삶을 통해 알게 되었습니다.

어떤 이는 베들레헴처럼 어둠 속에서 빛이 되어 주고,

어떤 이는 나자렛처럼 숨은 희생의 은은한 향기를 풍기고,

어떤 이는 사마리아처럼 무조건 밀어내고 거부하고,

어떤 이는 가파르나움과 벳사이다와 코라진처럼 고마움을 모르고,

어떤 이는 베타니아처럼 배려와 이해와 환대로 힘을 주고,

어떤 이는 예리코처럼 풍요 속에 빈곤을 드러내며 손을 내밀고,

어떤 이는 타볼산처럼 주님의 빛나는 모습을 보여 주어 황홀하게 하고,

어떤 이는 겟세마니처럼 고뇌의 땀을 흘리게 하고,

어떤 이는 예루살렘처럼 저를 못 박지만…

그렇기에, 저는 주님을 따르는 제자로 죽음과 부활, 파스카를 체험하였습니다.

그렇게 주님은 모든 이를 통하여 저를 키우셨습니다.

"너희를 어떻게 독수리 날개에 태워

나에게로 데려왔는지 보지 않았느냐?"(탈출 19,4)

아직도 성성(聖性)에 이르기에는 까마득하지만,

그나마 "깨닫는 마음, 보는 눈, 듣는 귀"(신명 29,3)를 주셨으니,

모든 것이 은총이었음을 고백하며 당신을 찬미합니다.

어렵사리 산 넘고 물 건너왔다고 생각했던 살아온 그 모든 길이

실은 하느님 섭리의 날개를 타고 날아온 길이었음을 알고, 무릎을 꿇습니다.

✦ 레나의 기도

다정하신 나의 주님,

크고 강한 팔로 저의 인생을 주관하시고

부당한 죄인을 당신 자비로 씻으사 정배 되게 하신 섭리에 감사드리옵니다.

이제 다시 당신의 부르심에 정결한 마음으로 응답하오니

아무것도 내 주님이신 당신보다 더 낫게 여기지 않게 하소서.

모든 애착에서 해방될 은혜를 허락하시어

내적 자유 안에서 당신을 오롯이 사랑하고, 이웃에게 기쁨 되게 하소서.

당신을 찾는 기도 안에서 당신 닮게 하소서. 아멘.